KB138131

Mr. WILLIAM
SHAKESPEARE

존 왕
The Life and Death of King John

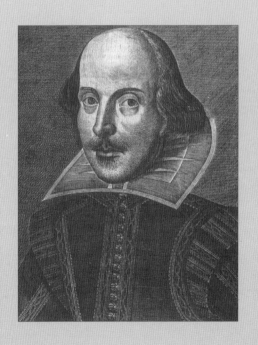

국립중앙도서관 출판시도서목록(CIP)

존 왕 / 셰익스피어 지음 ; 김정환 옮김. ― 서울 : 아침이슬, 2012
    p. ;   cm. ― (셰익스피어 전집 ; 14)

원표제: The Life and Death of King John
원저자명: William Shakespeare
영어 원작을 한국어로 번역
ISBN 978-89-6429-122-1 04840 : ₩10000
ISBN 978-89-6429-132-0(세트)

영국 희곡[英國戲曲]

842-KDC5
822.33-DDC21   CIP2012004210

존 왕
The Life and Death of King John

존 왕의 삶과 죽음

셰익스피어 지음 | 김정환 옮김

아침이슬

일러두기

운문과 산문 구분을 명확히 했고, 행갈이를 원문과 똑같이 맞추었다. 각 작품을 잘 쓰인
시집 한 권 대하듯 읽으면 적당할 것이다.

등장인물

존 왕 잉글랜드 왕
일리노어 대비 그의 어머니
팰컨브리지 부인
사생아 훗날 리처드 플랜타저넷 경 작위를 받은 필립, 리처드 1세(사자심장왕)와
      불륜으로 생긴 그녀 아들
팰컨브리지 그녀의 적자인 로버트
제임스 거니 그녀 시종
블랑슈 스페인의 공주, 존 왕의 조카딸
헨리 왕자 존 왕의 아들
휴버트 존 왕의 수행원
솔즈베리 백작
펨브루크 백작
에섹스 백작
비갓 경
필립 왕 프랑스 왕
왕세자 루이 그의 아들
아서 브리타니 공작, 존 왕의 조카
콘스탄스 그의 어머니
오스트리아(리모주) 공작
샤티옹 잉글랜드로 파견된 프랑스 대사
멜륀 백작
시민 앙제의 시민
팬돌프 추기경, 교황의 사절
폼프릿의 피터 예언자
전령들
사형 집행인들
사자들
행정관
대신들, 병사들, 시종들

대사에 나오는 외국 명

아테 여신 그리스 신화 악과 재앙의 여신
머큐리 로마 신화 주피터의 전령신

제1막

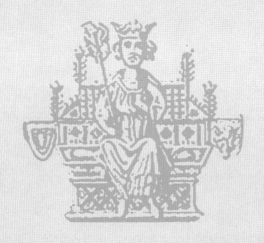

그리고 복장과 문장,
외형과 외적 차림새뿐 아니라,
내적인 충동까지─건네겠다 이거지
달콤하고, 달콤하고, 달콤한 독약을 시대의 입맛에 맞게.

1막 1장

런던, 존의 궁정

✝

화려한 취주. 존 왕, 일리노어 대비, 그리고 펨브루크, 에섹스 및
솔즈베리 백작들, 프랑스의 샤티옹과 함께 등장

존 왕 자 말해 보시오, 샤티옹, 프랑스 왕이 짐에게 뭘 원하는가?

샤티옹 이런 말씀을, 문안드린 후, 프랑스 왕께서 전하라 하셨습
니다,

제가 직접, 폐하께—

찬탈자 폐하지만—이곳 잉글랜드의.

일리노어 대비 서두가 요상하구나, '찬탈자 폐하'라니?

존 왕 놔두세요, 착하신 어머니, 뭐라는지 들어 보지요.

샤티옹 프랑스의 필립은, 올바르고도 진실한 대리인으로서,

귀하의 돌아가신 형 제프리의 아들,

아서 플랜타저넷을 위해, 의당 합법적으로 요구한다

이 아름다운 섬과 그 영토,

아일랜드, 프와투, 앙주, 투렌, 마인을.

바라건대 귀하는 칼을 내려놓고

이들 여러 영토에 대한 찬탈적 지배를 멈출 것이며,

그 칼은 젊은 아서의 손에 쥐어 줄 일이다,

그가 귀하의 조카이자 적법한 왕국 주권자이므로.

존 왕 짐이 이것을 거부하면 어떻게 되는가?

샤티용 격렬하고도 피비린 전쟁이 당당하게 나서서,

　　　이 권리를 강제 집행하게 되죠, 안 내놓으려 아무리 기를 쓰
더라도—

존 왕 우리는 전쟁에는 전쟁으로, 그리고 피에는 피로,

　　　강제에는 강제로 대하는 국민이요, 그렇게 프랑스 왕께 답
하시오.

샤티용 그렇다면 우리 왕의 도전을 제 입으로 전하는 바입니다.

　　　대사로서 제 권한은 거기까지입니다.

존 왕 당신 왕한테 보내는 내 도전장도 갖고, 편히 가시게.

　　　프랑스 왕이 보기에 번개처럼 빨리 가는 게 좋겠군,

　　　당신이 보고도 올리기 전에, 내가 거기 도착해 있을 것이니,

　　　나의 포병들의 대포 천둥이 울릴 것이야.

　　　그러니 꺼져라. 네놈은 나팔이로다. 짐의 분노를 알리는,

　　　그리고 네놈 자신의 몰락의 우울하고 불길한 전조를 불어
대는.—

　　　경호는 제대로 해 주어야겠지.

　　　펨브루크, 그 일을 맡아 주시오.—또 보세, 샤티용.

　　　　　샤티용과 펨브루크 퇴장

일리노어 대비 이제 어쩌냐, 내 아들? 내가 늘 말했잖느냐

　　　그 야심만만한 콘스탄스가 기어이

　　　프랑스와 온 세계를 들쑤셔서

　　　자기 아들 편을 들고 아들 권리를 찾아 주러 나서게 만들거
라고?

이 일은 방지되고 해결될 수 있었어

아주 간단한 우호 협상으로,

하지만 이제 두 왕국 당사자들이

끔찍하고 피비린 결과를 놓고 조정을 하게 생겼구나.

존 왕 우리가 강력히 장악했고 권리도 우리 쪽에 있는걸요.

일리노어 대비 〔존 왕에게 방백〕 강한 장악이 권리보다 훨씬 더 중요

하지,

그렇지 않으면 너와 나한테 문제가 생겨.

이 얘기는 내 양심이 네 귀에 속삭이는 말이니,

하늘과 우리 둘이만 알고 있어야 한다.

행정관이 등장하여 에섹스에게 속삭인다.

에섹스 폐하, 여기 이상한 소송이 한 건,

시골에서 올라와 폐하의 판결을 청하옵는데,

전 듣도 보도 못한 내용입니다. 그들을 들일까요?

존 왕 오라 하시오.— 〔행정관 퇴장〕

짐의 중앙 및 지방 수도원이

긴박한 전쟁 비용을 마련할 것이오.

〔로버트 팰컨브리지, 그리고 사생아 필립이 행정관과 함께 등장〕

그대들은 누구인가?

사생아 저는 폐하의 충성스런 신민, 신사로

노샘프턴셔에서 태어났고, 장자가 됩니다,

아마도, 로버트 팰컨브리지의,

군인이고, 영광스럽게도

리처드 사자심장왕께서 전쟁 중 작위를 내린 그분의.

존 왕 그대는 누구인가?

팰컨브리지 아들이고 상속자입니다. 바로 그 팰컨브리지의.

존 왕 저 사람이 맏이고, 그대가 상속자?

　　　그렇다면 한 어머니에서 나지 않았다는 얘긴데, 아마도.

사생아 한 어머니인 것은 너무도 분명합니다. 막강한 왕이시여—

　　　그건 잘 아시는 바와 같지요—그리고, 제 생각을 말하자면,

　　　한 아버집니다.

　　　다만 그 진위 여부를 분명히 아는 것은

　　　하늘, 그리고 제 어머니밖에 없는지라.

　　　저도 의심이 갑니다만 그거야 모든 사내의 자식들이 그럴

　　　수도 있는 거라서.

일리노어 대비 냉큼 꺼지거라, 막돼먹은 놈! 네가 정말 네 어머니

　　　를 모욕하고

　　　의심으로 그녀 명예에 상처를 입히는구나.

사생아 제가요, 마마? 아닙니다. 제가 왜 그러겠습니까?

　　　그건 제 동생이 주장하는 바고 전 그 반대지요.

　　　그 주장을 입증할 수 있으면, 동생은 제게서

　　　최소한 매년 5백 파운드는 족히 빼앗아 가는 게 되거든요.

　　　하늘이여 제 어머니의 명예, 그리고 저의 토지를 지켜 주소

　　　서!

존 왕 꽤나 노골적인 친구로군.—왜, 더 어리게 태어났거늘,

　　　그가 그대의 유산을 제 것이라 주장한단 말이냐?

사생아 저도 이유를 모르겠습니다. 토지를 갖고 싶어 그런다는

　　　것 말고는.

　　　하지만 그가 저를 사생아라고 중상모략 한 적이 있습니다.

그렇지만 제가 합법적인 소산인지 아닌지는

여전히 제 어머님 대답에 달려 있다고 저는 생각합니다.

다만 제가 이렇게 태어났으니, 폐하—

저를 위해 애쓰고 돌아가신 유골에도 행운이 깃들기를 바랄

뿐이죠—

우리 두 사람 얼굴을 보고 몸소 판단해 주십시오.

로버트 경 노인이 정말 우리 둘을 모두 낳았고

그래서 우리 아버지라면, 그리고 이 아들이 그를 닮았다면,

오 로버트 경 노인, 아버지시여, 무릎 꿇고

제가 하늘에 감사드리옵나이다. 제가 아버지를 닮지 않은

것에 대해.

존 왕 아니, 이렇게 할 말 안 할 말 안 가리는 자를 보았나!

일리노어 대비 〔존 왕에게〕 사자심장왕 얼굴 특징을 지녔구나,

말하는 억양도 비슷하고.

정말 내 아들의 면모를 닮지 않았니

몸집까지 큰 것이?

존 왕 〔일리노어 대비에게〕 내 눈으로 자세히 살펴보니,

리처드 형님을 그대로 빼어 박았는데요.

〔로버트 팰컨브리지에게〕 이봐라, 고하렸다.

어찌하여 너는 네 형의 토지를 네 것이라 주장하는가?

사생아 자기가 우리 아버지처럼 얼굴이 옆얼굴 반쪽 밖에 안 되

기 때문이랍니다!

반쪽 얼굴로 제 토지를 몽땅 먹겠다는 수작이에요,

4페니 옆얼굴 동전으로 매년 5백 파운드씩을 먹겠다는 거

죠.

팰컨브리지 인자하신 폐하, 저의 아버님 그분이 살아 계셨을 때,
　　　폐하의 형님 리처드 왕께서는 정말 제 아버님에게 온갖 일
　　을 맡기셨습니다—
사생아 근데, 이거 봐, 그런 이유로 네가 내 토지를 슬쩍하면 안
　　되지.
　　　그분이 어머니한테 무슨 일을 시켰는가가 얘기의 핵심 아닌
　　가.
팰컨브리지 그러다 한번은 아버님을 대사로 임명하고
　　　독일로 가게 했지요, 그곳에서 황제와 더불어
　　　당시 중대 현안을 의논하라고 말입니다.
　　　그의 부재를 왕께서는 노렸습니다,
　　　그리고 얼마 동안 제 아버지 집에 머무셨는데,
　　　무슨 수로 어머니를 설복했는지는 창피해서 입에 올리지 못
　　하겠습니다.
　　　그러나 진실은 진실이죠. 광대하고 먼 바다와 해변들이
　　　제 아버지와 제 어머니 사이 누워 있었습니다,
　　　그렇게 아버님이 직접 말씀하시는 걸 제가 들었으니까요,
　　　그리고 그때 바로 이 씩씩대는 자가 임신된 겁니다.
　　　임종 때 아버지께서 유언으로 물려주셨어요
　　　그분의 토지를 저에게, 그리고 엄숙히 선서하셨습니다,
　　　여기 이 우리 어머니 아들은 결코 그분 자식이 아니라고요.
　　　그리고 그가 만일 아버님 자식이라면, 그는 세상에
　　　예정보다 만 14주나 먼저 나온 셈이죠.
　　　그러니, 훌륭하신 폐하, 갖게 해 주십시오 제가 제 것을,
　　　제 아버님 토지는 제 것이에요, 아버님 유언이 그랬으니까

요.

존 왕 이봐, 네 형은 법적으로 문제가 없어.

네 아버지의 아내가 결혼한 후 그를 뱄거든.

그리고 혹시 그녀가 정말 바람을 피웠대도, 잘못은 그녀한
테 있다.

그 잘못은 모든 사내가 감수해야 할 위험이지,

아내와 결혼하면서 말야. 말해 보라, 만일 나의 형이,

그가, 네 말대로, 수고를 하여 이 아들을 얻게 되자,

네 아버지한테 이 아들을 내놓으라고 했으면 어떻게 됐을
것 같나?

정말, 이 친구야, 네 아버지는 지키려 했을 거야,

이 송아지를, 그의 암소가 낳은 것이니까, 온 세상으로부터.

정말 그랬을 것이다. 그러니 설령 그가 내 형 자식이라 한
들,

나의 형이 자기 자식이라 안 했을지 모르고, 네 아버지도,

자기 자식이 아니지만, 아니라 안 했을지 모르는 것. 그러므
로 결론은

내 어머니의 아들이 정말 네 아버지의 상속권자를 낳게 했
다고 해도

네 아버지의 상속권자가 네 아버지의 토지를 갖는 것은 당
연하다.

팰컨브리지 그렇다면 제 아버님 유언이 아무 효력도 없단 말입니까,

자기 자식 아닌 자의 상속권 박탈 문제에서?

사생아 그 유언은 내 상속권을 박탈할 힘이 없지, 이보시게,

나를 낳게 만들 의지가 박약했던 만큼이나, 이제 떠오르는

생각이지만 말야.

일리노어 대비 어느 쪽이냐. 팰컨브리지 일문이 되어,

네 동생처럼 너의 토지를 차지하겠느냐,

아니면 사자심장왕의 아들로 일컬어지고,

그토록 닮았으니, 토지는 필요 없다 하겠느냐?

사생아 대비마마, 내 동생이 저처럼 생기고,

제가 제 동생처럼 생겼다면, 로버트 경의 것은 로버트 경처럼 생긴 자의 것이겠으니,

만일 제 두 다리가 저렇게 말 타는 회초리 두 개 같고,

내 팔이 저렇게 뱀장어 살갗 쑤셔 박은 꼴이고, 내 얼굴이 저렇게 얇아

귀에 장미도 꽂을 수 없을 지경이라면

혹여 사람들이 절 보고 '저거 뭐야, 서푼짜리 동전도 아니고' 그럴까 봐서,

그리고, 그런 외모 덕분에, 이 모든 토지를 물려받았다고 할까 봐서,

차라리 이 자리에서 당장 죽었으면 할 것입니다.

한 뼘 땅도 남김없이 주겠습니다, 이 얼굴을 유지하기 위해서라면.

난 흉물 경은 되지 않겠어요 절대로.

일리노어 대비 썩 마음에 드는구나. 너의 재산을 버리고,

너의 토지를 그에게 물려주고, 나를 따르겠느냐?

난 군인이고 이제 곧 프랑스를 향해 진군해야 하는데.

사생아 동생아, 내 토지를 갖거라. 난 나의 기회를 가지련다.

네 얼굴이 매년 5백 파운드를 벌어 주었구나,

하지만 5페니에 그 얼굴을 팔아도 비싸게 받는 거란다.—

대비마마, 죽을 때까지 마마를 따르겠습니다.

일리노어 대비 아니지, 네가 나보다 먼저 죽는 게 맞겠지.

사생아 우리 나라 예절은 선임자 먼저 아니겠습니까.

존 왕 그대 이름이 무엇인가?

사생아 필립입니다. 폐하, 제 이름의 시작이 그렇지요.

　　　　필립, 착한 노인 로버트 경의 아내의 맏아들.

존 왕 차후로는 그대가 닮은 그분의 이름을 지니도록 하라.

　　　　무릎을 꿇으라 필립, 더 위대한 신분으로 몸을 일으키게 되
리니.

　　　　　　〔그가 사생아에게 기사 작위를 준다〕

　　　　일어서시오 리처드이자 플랜타저넷 경.

사생아 씨 다른 동생아, 손 한번 잡아 보자꾸나.

　　　　나의 아버님은 내게 명예를 주셨고, 네 아버님은 네게 토지
를 주셨다.

　　　　이제 축복받으라 그 시간, 밤인지 낮인지 모르지만,

　　　　내가 잉태될 때, 로버트 경이 멀리 떨어져 있었다는 거.

일리노어 대비 플랜타저넷의 정신 그 자체로다!

　　　　난 너의 할머니다, 리처드. 날 그렇게 부르거라.

사생아 할머니, 제가 어쩌다 생겨났지, 정조를 지켜 생겨난 건 아
니지만, 그게 뭐 대순가요?

　　　　약간 어긋난 그 무엇, 조금 비껴간,

　　　　창문으로, 아니면 그 아래 쪽문으로 들어가려 기를 써 보는
거죠.

　　　　감히 낮에 못 그러겠으면 밤에 그러는 거고,

먹은 건 먹은 거니까. 누가 뭐래도 9할은 합법적인 내 거고,

가깝건 멀건 과녁에 꽂으면 장땡이고요,

그리고 나는 납니다. 생겨난 경위야 내 알 바 아니고.

존 왕 그만 가 보시게, 팰컨브리지, 이제 원하는 것을 얻었으니.

토지 없는 기사가 귀하를 토지 가진 시골 향사로 만들어 주
었구먼.—

가시죠, 어머니, 자네도 가세, 리처드. 우린 서둘러

프랑스로 진군해야 해. 프랑스로, 벌써 출발했어야 하는데.

사생아 동생, 잘 가게. 행운이 널 찾아가기를,

너는 합법적으로 태어났으니까.

〔사생아만 남고 모두 퇴장〕

명예는 쥐꼬리만큼 늘었지만,

토지는 엄청난 걸 잃었군.

뭐 어때, 이제 나는 어떤 하층 계급 여자라도 귀부인으로 만
들어 줄 수 있는데.

'평안하십니까, 리처드 경'—'그놈 인사 한번 대견하구나'
이런 거 좋잖아.

이름이 존인 놈도 내가 피터라고 불러 버리는 거야,

새로 명예를 얻은 사람은 사람들 이름 따위 잊어버리게 마
련이니까.

너무도 존경스럽고 신분이 높은 분이라

일일이 이름을 기억하실 수 없다 이거지. 가령 외국 사신 어
느 놈이

연회 중 이쑤시개 질을 하며 거들먹댄다 치자,

난 나의 기사님 위장을 실컷 채웠고 말야,

그때 난 그냥 영국인답게 혀로 이빨을 박박 문대면서 교리
문답을 걸어 버려요,

이빨 쑤시는 나라 놈 아무나 붙잡고 말이지. '나의 친애하는
경,'

그렇게 팔꿈치에 얼굴을 기대며 내가 시작하지,

'제가 소청이 있소만—'. 그게 교리 질문인 셈이지,

그러고 나면 교리 응답이 나오는 거야, ABC 초보독본처럼.

'오 경,' 교리 응답이 말해요, '얼마든지 말씀하십시오,

얼마든지 시키십시오, 하명 기다립니다, 경.'

'아니올시다 경,' 교리 질문이 그렇게 말해, '제가, 상냥하신
경, 분부를 받잡아야죠.'

그리고 그렇게, 교리 질문이 뭘 원하는 건지 교리 응답이 가
늠하기도 전에,

텅 빈 아첨만 오가고,

알프스 산맥이 어떻네 아펜니노 산맥이 저떻네,

피레네 산맥과 포 강이 어떻네 하다 보면,

다음 연회 때가 되는 거고.

하지만 이건 숭배할 만한 사교 모임이고,

나처럼 야심만만한 성격에 어울린다.

시대의 사생아에 불과한 자나

궁정 알랑쇠 티가 안 나는 거겠지.

그래서 나는—그런 맛을 풍기는 게 좋든 싫든,

그리고 복장과 문장,

외형과 외적 차림새뿐 아니라,

내적인 충동까지—건네겠다 이거지

달콤하고, 달콤하고, 달콤한 독약을 시대의 입맛에 맞게.

아첨을, 속이기 위해서가 아니라,

속지 않기 위해서 난 배울 참이야.

그래야 내 출세길이 수월해질 테니까.

〔팰컨브리지 부인과 제임스 거니 등장〕

근데 승마복 차림으로 저리 서둘러 오는 게 누구지?

여자 파발꾼도 있나? 남편도 없나 보지,

있었다면 그녀를 알리는 뿔나팔을 앞장서서 불어 줘야 하는

거 아냐?

오, 이런, 어머니시잖아! 어쩐 일이세요, 우리 어머니?

무슨 일이길래 이리 급하게 여기 궁정으로 오신 거예요?

팰컨브리지 부인 그 못된 네 동생 놈 어딨느냐? 어딨어 그놈,

지금도 내 명예를 위아래로 사냥하고 다니겠지?

사생아 내 동생 로버트, 노인 로버트 경의 아들 말씀이세요?

거인 콜브란트, 바로 그 강력한 남자 말씀이십니까?

어머니가 그리 허겁지겁 찾으시는 게 로버트 경의 아들 맞

아요?

팰컨브리지 부인 로버트 경의 아들, 그래 맞아, 이 불경스런 놈 같

으니.

로버트 경의 아들 말이다. 왜 너는 로버트 경을 경멸하느

냐?

그는 로버트 경의 아들이야, 너도 그렇고 말이다.

사생아 제임스 거니, 잠시 자리를 비켜 주겠나?

거니 얼마든지요, 훌륭하신 필립.

사생아 새 이름이 도나 개나 필립이라네, 제임스!

사소한 소식이 있는데요. 곧 자세한 말씀 드릴게요.

〔제임스 거니 퇴장〕

어머니, 전 늙은 로버트 경의 아들이 아니었지요.

로버트 경이 내 몸 중 그의 지분을 먹을 수 있는 건,

예수 수난일쯤에나 가능했을 텐데, 그는 금식을 깬 적이 없거든요.

로버트 경도 솜씨가 좋았던 거겠죠. 정말 까놓고 말이지만,

그가 날 낳게 할 수 있었다면! 로버트 경은 그 능력 없어요,

우리가 그 꼬라지를 알고 있는데. 그러니, 우리 어머니,

누굽니까, 제가 이 팔다리를 고마워해야 하는 분이?

로버트 경이 거들어서 이 다리가 생겨났을 리는 없잖아요.

팰컨브리지 부인 너도 네 동생과 한패더냐,

네 자신의 이익을 위해서라도 내 명예를 지켜 줘야 할 놈이?

날 경멸하는 저의가 뭐냐? 참으로 예의 없는 놈 같으니라구.

사생아 기사예요. 기사, 우리 어머니, 절 놈이라 부르시면 전 허풍쟁이 바실리스코 짝 나는 거죠. 어머닌 제 하인이고!

놈이라니! 전 작위를 받았어요. 제 어깨를 칼등으로 툭툭 쳤다구요.

하지만, 어머니, 전 로버트 경의 아들이 아니지요.

제가 로버트 경의 권리를 거부했어요. 내 토지,

적출 신분, 이름, 그리고 모든 것이 사라졌구요.

그러니 착한 나의 어머니, 내 아버지를 알려 주세요.

괜찮은 분이면 좋겠네요. 누구였죠, 어머니?

팰컨브리지 부인 네 스스로 팰컨브리지 출신임을 부인했다?

사생아 악마를 부인하듯 신실하게.

팰컨브리지 부인 리처드 사자심장왕이 네 아버지셨다.

    길고도 열렬한 구애에 결국 넘어가

    내가 남편 침대에 그분 자리를 마련해 주고 말았지.

    하나님 제 불륜의 죄를 부디 제게 묻지 마소서!

    너는 내 소중한 저지름의 소산이야.

    너무도 강한 유혹에 어쩔 수가 없었구나.

사생아 이 대낮의 밝음을 두고 맹세하지만, 내가 다시 잉태되더
    라도.

    어머니, 저는 그보다 더 좋은 아버지를 바라지 않을 거예요.

    이 세상에는 저질러도 괜찮은 죄악이 몇 가지 있는데,

    어머니의 죄도 그중 하나예요. 어머니의 잘못은 어리석은
    게 아니었어요.

    어머니는 어머니 마음을 그분께 맡기실 밖에 없었던 거예
    요.

    복종의 조공을 명령의 사랑에게 바친 거죠.

    그 사랑의 분노와 비길 바 없는 힘은,

    겁 없는 사자도 싸움을 걸기는커녕,

    자신의 위풍당당한 심장을 리처드가 가져가게 했다는 거 아
    닙니까.

    힘으로 사자 심장을 빼앗은 그분이시니

    여자 마음 빼앗는 것쯤 쉬웠겠지요. 그래요, 나의 어머니,

    온 마음으로 어머님께 감사드려요. 그런 아버님에 대하여.

    살아서 감히 입을 놀려, 어머니의 잘못으로

내가 태어났다는 자 누구든, 내가 그 영혼을 지옥으로 보내
버릴 거예요.

가시죠, 어머니, 제 친척들한테로 모실게요.

그러면 그들이 그럴걸요, 리처드가 날 잉태시키려 할 때,

만일 어머니께서 안 된다고 했다면, 그게 죄였을 거라고.

어머니가 죄지었다고 하는 자, 거짓말하는 자고. 어머니 죄
짓지 않으셨다, 이게 내 말이죠.

　　　모두 퇴장

제2막

오, 이제 죽음이 그의 치명적인 턱 안감을 강철로 댔구나.
병사들의 칼이 그의 이빨이야, 독이빨이지,
그리고 이제 그가 향연을 벌인다, 인간의 살을 찢으며
해결되지 않은 왕들의 쟁투 속에서.

2막 1장

앙제 성문 앞

화려한 취주. 앙제 성문 앞으로 한쪽 문을 통해 프랑스 필립 왕,
왕세자 루이, 콘스탄스 부인, 그리고 브리타니 공작 아서, 병사들
과 함께 등장. 다른 쪽 문을 통해 사자 가죽 옷차림의 오스트리아
공작이 병사들과 함께 등장

필립 왕 앙제 성문 앞에서 잘 만났소, 용감한 오스트리아 공작.—

아서, 네 혈통의 그 위대한 선구자,

리처드 그분이 사자 심장을 도려내고

팔레스타인에서 성전을 치르셨다만,

이 용감한 공작한테 당하여 일찍 무덤으로 갔구나.

그리고, 그의 후손한테 그 일을 보상하고자,

짐의 긴박한 요청을 받고 이리 오셔서

전투 깃발을 펼치셨구나, 얘야, 너를 위하여,

그리고 왕위를 찬탈한

네 비인간적인 삼촌, 잉글랜드의 존을 꾸짖기 위하여.

그분을 안아 드리고, 사랑해 드리고, 환영해 드려라.

아서 〔오스트리아 공작에게〕 하나님께서 공작님의 사자심장왕 살해
를 용서해 주실 겁니다,

더군다나 공작께서는 그의 자손에게 생명을 주고,

공작님의 전쟁 날개로 그들 권리를 보호해 주시니까요.

공작님을 환영하는 제 손은 힘이 없지만,

마음은 때 묻지 않은 사랑으로 가득합니다.

앙제 성문 앞에 잘 오셨습니다, 공작님.

필립 왕 고결한 소년이로다. 누가 너를 우습게 보겠느냐?

오스트리아 공작 〔그에게 입을 맞추며〕 그대 뺨에 이 열렬한 입맞춤은

내 사랑의 계약서에 찍는 도장이오,

그날이 오기 전에는 내가 결코 집으로 돌아가지 않겠다는

계약이오,

앙제 및 프랑스 내 그대의 다른 영토들이,

무엇보다 그 창백한, 얼굴 새하얀 해변,

절벽 발치가 대양의 노도를 걷어차 버리고,

다른 나라로부터 그녀의 섬 주민을 보호하는,

그 잉글랜드가, 대양을 울타리 삼은,

바다로 성벽을 쌓은 그 성채가, 영영 안전하고

외국 군대 침입을 걱정할 필요 없는,

가장 먼 서쪽 나라가,

귀하를 그녀의 왕으로 경배하는. 그날이 오기 전에는, 아름
다운 소년,

내 집은 생각도 않고, 무기를 들 것이오.

콘스탄스 오, 저 아이 어머니의 감사도 받으세요, 과부의 감사입
니다.

공작이 직접 그 아이에게 힘을 보태 주신다면

공작의 사랑은 더 큰 보답을 받게 될 것이지만요.

오스트리아 공작 하늘의 평화는 이런 정의롭고 자비로운 전쟁에

칼을 드는 자들 것이니.

필립 왕 좋아요 그럼, 시작합시다! 짐의 대포 포문으로 겨냥할 것
이다

저항 중인 이 도시의 이마를.

가장 주요한 전술 전문가들을 모아

가장 유리한 작전을 짜게 하라.

이 성문 앞에 우리들 왕족의 뼈를 묻을망정,

프랑스인의 피를 헤치고 장터로 나아갈망정,

우리는 반드시 이 도시를 이 소년한테 복종시키리라.

콘스탄스 폐하의 대사가 갖고 올 대답을 기다리시지요,

성급하게 폐하 칼에 피를 묻힐 필요는 없으니까요.

샤티용 경께서 잉글랜드로부터 가져오는 것이

우리가 지금 전쟁으로 얻고자 하는 권리의 평화로운 양도일
지도 모르고,

그렇다면 우리는 흘린 피 한 방울마다 뉘우치게 됩니다

격정에 성급하게 휘둘려 서두르느라 잘못 흘린 피라고 말예
요.

샤티용 등장

필립 왕 놀랍군요, 부인. 보시오 부인이 소망하시니

짐의 대사 샤티용이 도착했구려.—

잉글랜드 왕이 무슨 말을 했는지, 간단히 말하시오, 점잖으
신 경,

짐은 침착하게 그대를 기다렸나니. 샤티용, 말하시오.

샤티용 그렇다면 폐하의 군대를 이 하찮은 공격 목표에서 돌리시

고,

더 강력한 임무에 맞서 의기충천케 하소서.

잉글랜드 왕이, 폐하의 정당한 요구에 발끈하여,

직접 무장을 갖추었습니다. 역풍이,

그 때문에 제가 지체하였는데, 그에게는 시간을 주어

그의 군부대를 상륙시키게 했나이다 저와 같은 시간에.

이 도시를 향한 그의 행군 속도가 빠르고,

그의 군대는 강하고, 그의 병사들은 사기가 충천했습니다.

왕과 함께 대비도 왔사온데,

그에게 피와 전투를 부추기는 아테 여신이 따로 없사옵고

그녀와 함께 그녀의 손녀, 스페인의 블랑슈 공주도 있사옵고

그들과 함께 작고한 리처드 왕의 서자도 있사옵니다.

그리고 그 나라의 온갖 불만꾼들이―

성미 급하고, 무모하고, 불같은 지원병들,

수염도 안 난 애송이지만 기질은 성난 용 같은 자들이―

고향 땅에서 재산을 팔아 버리고,

장자 상속권까지 팔아 사들인 무기를 당당히 등에 지고,

새로운 행운의 모험을 위해 이리로 몰려왔사옵니다.

간단히 아뢰자면, 이보다 더 용감하고 겁 없는 자들을

잉글랜드 선박이 싣고

넘실대는 조류에 실려

기독교 국가를 범하고 해하려 온 적은 결코 없었나이다.

〔북소리〕

그들의 야비한 북소리가 들리니

자세한 말씀은 생략해야겠군요. 그들이 가까이 왔습니다,

그러니 회담이든 전투든 준비하소서.

필립 왕 정말 예상 밖의 행군 속도로다!

오스트리아 공작 정말 예상 밖인 바로 그만큼

우리가 정신을 차리고 방어 태세를 갖춰야 합니다,

용기는 필요한 만큼 느는 거니까요.

그러니 올 테면 오라고 하지요, 우린 준비가 끝났으니까.

행군하며 잉글랜드 왕 존, 사생아, 일리노어 대비, 블랑슈 공주,
펨브루크 백작, 그리고 병사들 등장

존 왕 프랑스에 평화를, 만일 프랑스가 평화로이

짐의 도시에 대한 짐의 정당하고 대를 물린 입성을 허락한
다면.

그렇지 않으면, 프랑스가 피를 흘리고, 평화는 하늘로 올라
가고,

그러는 동안 우리가, 하나님의 성난 대리인으로서 정말 벌
할 것이다,

자신의 평화를 하늘로 차 버린 그들의 오만한 경멸을.

필립 왕 잉글랜드에 평화를, 만일 그 전쟁이

프랑스에서 잉글랜드로 돌아가, 거기서 평화로이 산다면.

잉글랜드를 짐은 사랑한다. 그리고 그 잉글랜드를 위하여

무거운 무기를 지고 여기서 짐이 땀 흘리고 있노라.

짐의 이러한 수고는 그대의 몫이어야 했을 것이나,

그대는 잉글랜드를 사랑하기는커녕

그 합법적인 왕을 허물어트리고,

왕위 계승을 끊어 버리고,

아이의 권리를 나 몰라라 하고, 겁탈하였도다
왕관의 처녀성을.

〔아서를 가리키며〕

여기 그대 형 제프리의 얼굴을 쳐다보아라.
이 눈과 이마가, 그의 눈 그의 이마로 틀 지어졌나니,
이 작은 요약본이 제프리로 죽은
완본을 품고 있나니, 그리고 시간의 손이
이 개요를 그만큼 두꺼운 책이 되게끔 이끌 것이나니.
제프리는 그대 형으로 태어났다,
그리고 이 소년은 제프리의 아들이다. 잉글랜드는 제프리의
소유였고,
이 소년은 그의 상속자이다. 하나님의 이름으로,
그런데 어떻게 그대가 왕으로 불리게 되었단 말인가,
살아 있는 피가 이 사원에서 맥박 치는데,
왜 그대가 핍박하는가, 왕관의 주인을?

존 왕 누구 부탁이길래, 프랑스 왕이여, 이리도 거창하게
조목조목 나의 답을 끄집어내려 직접 나서셨는가?

필립 왕 천상의 재판관께서 부탁하셨소 그분은 훌륭한 생각이
강력한 통치자라면 누구나 들게 하여
정의를 더럽히는 때와 얼룩을 살피게 하시거든.
그 재판관께서 날 이 소년의 보호자로 만드셨고,
그분의 보장으로 내가 그대의 행악에 도전하는 것이고,
그분의 도움으로 그것을 벌주고자 하는 것이오.

존 왕 저런, 그대야말로 권위를 찬탈하는군.

필립 왕 하나님도 양해하실 거요, 찬탈자를 쳐부수는 일이니.

일리노어 대비 도대체 누가 찬탈자라는 거요, 프랑스 왕?

콘스탄스 그 대답은 내가 할게요. 마마의 아드님이 찬탈자죠.

일리노어 대비 닥쳐라, 무례한 것! 사생아일망정 왕위에 올려놓고
　　　네가 대비 노릇하며 세상을 맘대로 주물러 보려는 수작이렷
　　　다.

콘스탄스 제 침대는 마마 아드님한테 진실했어요
　　　마마 침대가 마마 남편한테 진실했듯이. 그리고 이 아이는
　　　용모가 그의 아버지 제프리를 더 닮았죠
　　　마마와 존의 행태가 닮은 것보다 더요. 두 분 닮은 것은
　　　비가 물 닮고, 악마가 제 어미 닮는 수준이지만요.
　　　내 아이가 사생아라고요? 내 영혼을 걸고 생각건대
　　　그의 아버지는 결코 그리 진실되게 태어나지 않았어요.
　　　그러실 수가 없죠, 마마가 그의 어머니라면.

일리노어 대비 〔아서에게〕 참 좋은 애미 났구나, 얘야, 네 아버지 험
　　　담이나 하고.

콘스탄스 〔아서에게〕 참 좋은 할머니 나셨지, 얘야, 널 헐뜯기나 하
　　　시고.

오스트리아 공작 조용하시오!

사생아 정리가 조용하라잖소!

오스트리아 공작 넌 뭐하는 놈이냐?

사생아 망가트려 주실 분이시다, 이놈, 너를,
　　　사자 가죽 네놈과 맞짱만 뜰 수 있다면.
　　　너 같은 놈을 속담에 일러 겁쟁이라는 거야,
　　　용기라 해 봤자 죽은 사자 수염 잡아당기는 게 고작이지.
　　　잡히기만 해 봐 가죽까지 벗겨 줄 테니까—

아가야, 조심해야지—맹세코 그래 주겠어, 맹세코!

블랑슈 오, 사자 가죽 옷은 그분한테 딱이었지

사자의 옷을 벗겨 버린 분이니까!

사생아 저놈이 걸치니까 그 꼴불견이

마치 당나귀가 헤라클레스 사자 가죽 뒤집어 쓴 것 같구만.

하지만, 나귀야, 내가 그 짐을 네 등에서 벗겨 주마,

아니면 짐을 더 얹어서 어깨에 금이 가게 해 주던지.

오스트리아 공작 이 허풍쟁이는 도대체 누구길래 우리 귀를 멍하게

만드나.

쓸데없는 장광설로?—

필립 왕, 우리가 어떻게 할 건지 즉시 결정해 주시오.

필립 왕 여인들과 아이들은, 말싸움을 멈추시오.—

존 왕, 요점만 말하겠소.

잉글랜드와 아일랜드, 앙주, 투렌, 마인을,

아서의 소유로 내가 그대에게 요구하오.

그곳들을 포기하고 무기를 내려놓겠소?

존 왕 아예 목숨을 포기하고 말지. 나 그대에게 도전하노라, 프랑

스 왕.—

브리튼의 아서, 내게로 오라.

그러면 나의 끔찍한 사랑으로 네게 더 많은 것을 주리라

겁쟁이 프랑스 왕의 손이 얻어 줄 수 있는 것보다 더 많은

것을.

이리 오너라, 얘야.

일리노어 대비 〔아서에게〕 할미한테 오렴, 얘야.

콘스탄스 〔아서에게〕 그러려무나, 아가, 할머니한테 가지, 아가야.

할머니한테 왕국을 갖다 바치면, 할머니께서

자두도 주시고, 버찌도 주시고, 엿도 먹이시겠지.

참 좋은 할머니 나셨구나.

아서 착한 나의 어머니, 조용하세요.

무덤 속에 낮게 눕고 싶은 기분이에요.

전 아무것도 아녜요, 저 같은 애 때문에 이런 소동 일으키실 필요 없다구요.

그가 운다.

일리노어 대비 어미가 하도 모멸을 주니까, 불쌍한 것, 애가 울어 버리잖느냐.

콘스탄스 마마야말로 정말 부끄러운 줄 아셔야죠, 애 모멸은 상관 마시고!

할미의 잘못이, 어미의 모멸이 아니라,

하늘도 감동시킬 그 진주알들을 불쌍한 이 아이 눈에서 끄집어내는 거죠.

그것을 하늘이 사례금 조로 받으실 거구요.

그래요, 이 수정 구슬을 뇌물로 받고

하늘이 베푸실 거예요, 이 아이에게 정의를, 당신한테는 복수를.

일리노어 대비 흉악하게도 하늘과 대지를 모두 중상모략 하는구나!

콘스탄스 흉악하게도 하늘과 대지를 모두 해치시는군요!

날 험담꾼이라 부르지 마세요. 당신과 당신 아들이 찬탈했어요

영토를, 왕권과 상속권을,

모두 이 핍박받는 아이의 것인데. 이 아이는 당신의 가장 나이 많은 손자예요,

당신만 아니었다면 불행할 일이 없었죠.

당신이 지은 죄를 이 불쌍한 아이가 대신 벌받고 있는 거라구요.

하나님의 선고가 그에게 내린 거예요,

두 세대 밖에

떨어지지 않았으니까, 죄를 잉태한 당신의 자궁으로부터 말이죠.

존 왕 미쳤군, 말 다했어.

콘스탄스 제 말은 이거 딱 하나예요.

이 아이는 그녀 죄 때문에 고통받는 것만이 아니에요.

하나님은 그녀 죄 존과 그녀라는 역병을

이 두 세대 떨어진 자손에게 내리기도 했어요, 그녀 때문에 고통받고

그녀라는 역병으로 고통받는 거예요. 그녀 죄는 이 아이의 상처고,

그녀의 위해는 그녀 죄 채근하는 하급관리,

그 모든 죄를 이 아이 혼자 벌받고 있는 거죠,

게다가 모두 그녀 때문에 말예요. 역병에나 걸릴 여자 같으니!

일리노어 대비 너 그렇게 생각 없이 쨍쨍거리는데, 내가 작성한

유서로 기왕의 네 아들 권리까지 박탈하는 수가 있어.

콘스탄스 그럼요, 어련하실라구요? 유언, 사악한 의지,

여자가 공표하는 유언, 썩을 대로 썩은 할머니의 유언이라!

필립 왕 진정하시오, 부인. 멈추든지 어조를 좀 더 누그러트리든
지 하세요.

왕족들이 모인 자리에서 서로 을러대며

계속 욕이나 해 대다니요.―

나팔을 불어 이곳 성벽으로 부르라

이곳 앙제 사람들을. 그들 얘기를 들어 봅시다,

누구 권리를 인정하겠는지, 아서의 권리인지 존의 권리인지.

나팔 소리. 성벽 위로 시민 한 명 등장

시민 누가 우리를 성벽으로 불렀소?

필립 왕 잉글랜드를 대신하여 프랑스 왕이 불렀다.

존 왕 잉글랜드를 대표하여 잉글랜드 왕이 불렀느니라.

너희 앙제의 시민이자 나의 사랑하는 신민들이여―

필립 왕 너희 사랑하는 앙제 시민들, 아서의 신민들이여,

짐의 나팔이 너희들을 이 부드러운 담판에 불렀느니라―

존 왕 잉글랜드에게 우선권이 있나니, 그러므로 내 말을 먼저 들
으라.

이 프랑스 깃발들이 여기로 와서

너희 도시의 눈과 전망을 가리노니,

이리로 행군한 것은 너희들을 해코지하고자 함이라.

대포들의 내장은 노여움으로 부글부글 끓고,

바야흐로 탑재되어 쏟아부으려는 참이다.

무쇠의 분노를 너희 성벽에.

온갖 준비가 되어 있다, 피비린 공격과

무자비한 전투를 위한 프랑스인들의

모습이 너희 도시의 눈들, 눈이 감긴 너희 대문들을 노리고 있노라.

그리고 짐이 진격하지 않았다면, 그 잠자는 돌들은

지금은 허리띠처럼 너희 허리를 두르고 있으나,

그들 포병의 강제에 의해,

이 시간이면 고정된 석회 침대로부터

해체되고, 엄청난 혼란이 빚어져

피비린 세력이 너희의 평화를 급습할 기회를 제공하였을 것이다.

하지만 너희들의 합법적인 왕인 짐의,

힘들여, 한껏 서두른 행군으로,

너희 대문 앞에다 역공의 진을 펼쳐서

너희 도시의 위협받은 뺨이 긁히는 것을 막으려 나선 짐의 모습에,

보라 프랑스인들이, 공포에 질려, 담화를 하자고 한다.

그리고 이제 불길에 휩싸인 대포알로

너희 성벽에 몸이 덜덜 떨리는 열병을 쑤셔 박는 대신,

그들이 기만으로 겹겹이 쌓인 조용한 언사를 쏘아

너희 귀에 신의 없는 거짓말을 심으려 한다.

그러니 곧이듣지 말고, 착한 시민들이여,

짐을 입성케 하라, 너희들의 왕을. 짐의 기운이 기진맥진한 것은,

이렇게 신속한 행동에 미리 지친 것이니,

앙망하노라 너희 도시 성벽 안에 정박하기를.

필립 왕 내가 말을 마치거든, 우리 둘 모두에게 답을 다오.

〔그가 아서의 손을 잡는다〕

보라, 나의 이 손을, 이 손의 신성한 맹세는
이 손이 쥐고 있는 손 주인의
권리를 보호하는 것인 바, 그가 바로 어린 플랜타저넷,
이자의 형님의 아드님이시고,
이자의 왕이시고, 이자가 거느린 모든 것의 왕이시니라.
짓밟힌 이 권리를 위해 우리는
군사 행진으로 너희 도시 앞 이 풀밭을 밟고 있으니,
너희에게 우리가 적대적인 것은
이 핍박받은 아이를 구하려는
따스한 열정이 불가피하게
엄숙하게 요구하는 것 이상은 아니니라. 그러니 흔쾌히
다하라, 마땅히 해야 할 의무를,
상속권 소유자, 즉 이 어린 군주에게,
그러면 그때 우리 무기는, 부리망을 씌운 곰한테처럼,
외양 말고는, 모든 공격을 중지한 상태일 것이다.
우리 대포의 악감정은 쓸데없이 허비되리라
끄떡없는 하늘의 구름을 맞추는 시늉으로,
그리고 축복받고 평온한 후퇴로써,
칼은 난도질한 일 없고 투구는 부서진 데 없는 상태로,
우리는 집으로 다시 가져가리라 그 건장한 피
우리가 이리로 와서 너희 도시를 겨냥해 분출하려던 피를,
그리고 너희 아이들, 아내들, 그리고 너희를 평화로이 살게
두리라.

그러나 만일 너희가 어리석게도 우리 제안을 흘려듣는다면,

너희를 둘러싼 구태의 성벽도

너희를 우리의 대포알로부터 숨겨 주지 못하리라,

설령 이 모든 잉글랜드인과 그들의 전투 기술이

그 울퉁불퉁한 둘레 속에 정박해 있다 하더라도.

이제 말하라, 너희 도시는 우리를 주인으로 모시겠느냐,

우리가 이곳에 온 목적이 그것이나니,

아니면 우리가 우리의 분노에 신호를 주고,

피 속을 헤쳐 가서 우리 것을 취하게 하겠느냐?

시민 간단히 말하자면, 우리는 잉글랜드 왕의 신민입니다.

그분을 위해 그리고 그분의 권리로 우리가 이 도시에 거주

하는 거죠.

존 왕 그렇다면 왕을 알아 모시고, 나를 입성케 하라.

시민 그렇게는 못합니다. 오로지 스스로 왕임을 증명하는 분,

그분한테만 우리는 충성을 증명하겠습니다. 그때까지는

우리 성문을 꽁꽁 닫고 온 세상에 맞서겠다는 겁니다.

존 왕 내가 쓴 잉글랜드 왕관이 왕임을 증명하지 않는가?

그것도 안 된다면, 내가 증인들을 데려왔나니,

1만 5천의 두 배나 되는 잉글랜드 핏줄의 심장들이—

사생아 〔방백〕 사생아들과 기타 등등이올시다.

존 왕 짐의 권리를 목숨으로 입증하러 왔도다.

필립 왕 그들 못지않게 많고 못지않게 좋은 혈통들이—

사생아 〔방백〕 몇몇 사생아 또한 포함하여.

필립 왕 그와 직면하며 그의 주장을 반박하고 있다.

시민 두 분께서 어느 분 권리가 가장 가치 있는가를 해결하실 때

까지,

　　우리는 가장 가치 있는 분을 위하여 두 분 모두를 거부할 권

　리를 견지하겠습니다.

존 왕　그렇다면 하나님 용서해 주소서 그 모든 영혼들의 죄를,

　　그것들이 몸을 빠져나와 자기들의 영원한 주거지로

　　도망칠 것이오니, 저녁 이슬이 떨어지기 전에,

　　짐의 왕국의 왕이 내리는 끔찍한 시련을 겪을 것이오니.

필립 왕　아멘, 아멘이다! 말에 오르라, 기병들아! 무기를 들라!

사생아　성 조지시여 당신은 용을 격파하시고, 그 후로 내내

　　말에서 내리지 않고 내 단골 여관 입구에 그려져 있지요,

　　부디 우리에게 검술 좀 가르쳐 주시라! [오스트리아 공작에게]

　　애야, 내가 만일 편안하게

　　네 소굴에서, 애야, 네 마누라 암사자랑 같이 있다면,

　　네 사자 가죽에다 황소 머리 오쟁이 뿔을 얹어

　　널 괴물로 만들어 줄 텐데 말이다.

오스트리아 공작　닥쳐라, 더 이상 무슨 말이 필요하랴.

사생아　오 덜덜 떠는구나, 사자의 포효를 들었으니!

존 왕　평원 쪽으로 더 올라가라, 거기서

　　전 부대가 만반의 준비를 갖출 것이다.

사생아　그렇담 서두르시죠, 유리한 지형을 선점하시려면.

필립 왕　맞는 말이다. 우린 다른 언덕에

　　진용을 갖추게 하라. 하나님과 우리의 정의를 위하여!

　　　　존 왕과 필립 왕이 각자 군대를 거느리고 따로따로 퇴장. 시민은
　　　　성벽 위에 남아 있다.
　　　　전투 경보. 한쪽 문으로, 나팔을 들고, 프랑스 전령 성문으로 등장

프랑스 전령 그대 앙제 시민들이여, 문을 활짝 열고
　　　어린 브리튼 공작 아서님을 맞이하라.
　　　이분이 오늘 프랑스의 손을 빌려
　　　숱한 잉글랜드 어머니의 눈물을 억수로 흘리게 하셨나니,
　　　그녀의 아들들이 피를 흘리며 벌판에 흩어져 있음이라,
　　　숱한 과부의 남편들이 엎어져,
　　　차갑게 포옹하고 있다, 빛깔 바랜 땅바닥을.
　　　그리고 승리가 별 인명 피해 없이 뛰놀고 있다
　　　춤추는 프랑스군 깃발 위에서,
　　　그리고 프랑스 군대는 바야흐로, 보무도 당당하게,
　　　승리군으로 입성하고, 선포하리라
　　　브리튼의 아서를 잉글랜드와 그대들의 왕으로.

　　　　다른 쪽 문으로 잉글랜드 전령이 나팔을 들고 등장

잉글랜드 전령 기뻐하라, 그대 앙제 시민들이여, 그대들의 종을 울
　　려라!
　　　존 왕, 그대들의 왕이자 잉글랜드의 왕께서, 이리 오신다,
　　　이 격렬하게 악의적인 날의 지휘자시로다.
　　　그토록 은빛 찬란하게 이곳으로 왔던 저들의 갑옷은
　　　프랑스인의 피로 황금칠이 된 채 물러갔도다.
　　　잉글랜드인 투구의 깃털 하나도
　　　프랑스인의 창은 떨어트리지 못했노라.
　　　우리 군기를 들고 돌아온 손은
　　　처음 행군 때 들고 있던 바로 그 손이었노라.
　　　그리고 유쾌한 사냥꾼 집단처럼 돌아온다

우리의 건장한 잉글랜드인들이, 손은 붉게
물들었노라, 죽도록 적군을 학살한 피로.
성문을 열고 승리자에게 길을 내어라.

시민 전령들, 탑에 올라 우리가 보았소
처음부터 끝까지 공격하고 후퇴하는
양쪽 군대를, 그런데 두 세력의 대등함은
눈을 씻고 보아도 의심할 여지가 없었소.
피로 피를 샀고 타격으로 타격에 답했고,
힘과 힘이 겨뤘고 세력이 세력을 대면했소.
둘이 대등했소, 그리고 둘 다 우리는 좋아하오,
어느 쪽이 더 위대한지 증명하시오. 그토록 팽팽한 상태로야
우리가 한쪽을 택할 수는 없고, 양쪽을 위해 도시를 지키는
겁니다.

한쪽 문으로 존 왕, 사생아, 일리노어 대비 및 블랑슈 공주가 병사
들과 함께 등장. 다른 쪽 문으로 필립 왕, 왕세자 루이, 그리고 오
스트리아 공작이 병사들과 함께 등장

존 왕 프랑스 왕, 아직도 헛되이 흘려 버릴 피가 남아 있는가?
말하라, 우리의 정당한 행군의 물살이,
그 흐름을 그대가 가로막으므로 바야흐로 출렁거리고 있는
바,
정상 경로를 넘쳐나 큰물이 지면 어찌할 셈인가
그대의 편협한 해변에 다시 가로막혀
그 은빛 물길이
유유히 대양으로 나가지 못한다면 그렇게 될 터인데?

필립 왕 잉글랜드 왕, 그대는 단 한 방울의 피도

오늘의 격렬한 시련에서 우리 프랑스보다 더 구하지 못했도다.

오히려, 더 많이 잃었지. 그리고 나의 이 손,

이쪽 하늘이 내려다보시는 대지를 통치하는 이 손에 맹세컨대,

짐은 정당한 명분으로 든 짐의 무기를 결코 내려놓지 않으리라,

이 무기가 겨냥하는 자를 꺾기 전까지는,

아니면 내 스스로 전사자 명단에 올라,

은총을 내리리. 이 전쟁의 손실을 알리는 두루마리를

학살과 왕들의 이름을 결혼시키며.

사생아 하, 장엄도 하겠구나! 네놈 영광이 높이 치솟겠어

그 대단한 왕들의 피를 불태우다니!

오, 이제 죽음이 그의 치명적인 턱 안감을 강철로 댔구나.

병사들의 칼이 그의 이빨이야, 독이빨이지,

그리고 이제 그가 향연을 벌인다, 인간의 살을 찢으며

해결되지 않은 왕들의 쟁투 속에서.

왜 왕의 군대들이 이리 멍하게 서 있는 거지?

약탈의 명을 내리시오, 왕들이여! 다시 피비린 전장으로,

그대 똑같이 강한 지배자들, 불붙은 영혼들이여!

그런 다음 한쪽의 타도가 확실케 하라

다른 쪽의 평화를. 그때까지는, 돌격, 찔러라, 그리고 죽여라!

존 왕 어느 쪽을 시민들이 인정하는가?

필립 왕 말하라, 시민들이여, 잉글랜드를 위해. 누가 그대들의 왕

인가?

시민 잉글랜드 왕이오, 그분이 누군지 우리가 안다면.

필립 왕 짐이 잉글랜드 왕이다, 그러므로 이렇게 그의 권리를 주
　　　장하고 있노라.

존 왕 짐이 잉글랜드 왕이다. 짐은 짐 자신의 위대한 대표로서
　　　이곳에 짐의 권리를 몸소 구현하노라,
　　　내 자신의, 아제의, 그리고 그대들의 주인으로서.

시민 더 위대한 세력이 아니면 그 모든 것이 소용없습니다,
　　　그리고, 그것을 의심할 여지가 없을 때까지, 우리는 가둘 것
　　　이오
　　　우리의 거리낌을 우리의 굳게 잠긴 대문 안에,
　　　우리의 두려움을 왕으로 모시겠소, 우리의 두려움을
　　　해결하고, 정화하고, 폐위시키는 누군가 확실한 왕이 나설
　　　때까지.

사생아 이런, 아제의 이 못된 놈들이 그대 두 분 왕을 조롱하며
　　　총안 흉벽에 느긋하게 자리 잡은 폼이
　　　마치 극장에서, 하품을 하며 손가락으로
　　　그대들이 낑낑대는 장과 죽음의 막을
　　　가리키는 것 같지 않은가.
　　　왕들이시여 제 말 들으소서.
　　　예루살렘 폭동 때처럼 하소서.
　　　잠시 우방이 되어, 합동으로 돌리소서,
　　　두 분의 예봉을 이 도시 쪽으로.
　　　동쪽과 서쪽을 프랑스와 잉글랜드의
　　　대포로 포격하소서, 포문 입구까지 포탄을 채워,

그것들의 무시무시한 아우성에 꺾여

이 보잘것없는 도시의

단단한 갈비뼈가 부서져 내릴 때까지.

저는 야윈 말 같고 닳고 닳은 계집 같은 저놈들을 끝없이 공
략하여

마침내 울타리도 없이 황량한

알몸을 맨 공기처럼 드러나게 만들겠소.

그런 다음 합쳤던 편을 다시 가르고,

뒤섞였던 깃발을 다시 나누는 거요,

얼굴을 맞대고, 피 묻은 창끝과 창끝을 맞세우는 거죠.

그러면 순식간에 운명의 여신이 뽑을 겁니다

한쪽을 그녀의 행운아로,

그리고 그를 총애하며 그에게 그날을 안겨 주고,

영광스러운 승리로 그에게 입 맞추어 줄 것입니다.

이게 서툴지만 제 생각이온데, 강력한 지배자 두 분 마음에
드시는지요?

썩 좋은 전술 같지 않습니까?

존 왕   과연 그렇다, 우리 위에 내걸린 하늘에 맹세코,

마음에 들어.—프랑스 왕, 우리 힘을 합쳐서,

이 앙제를 아예 땅에서 지워 버리고 난 다음,

누가 그 왕이 될 것인지 싸워 보겠는가?

사생아 〔필립 왕에게〕 그대가 왕의 자질을 갖추었다면,

이 완강한 도시가 우리를 이렇게 놀리고 있는 판에,

그대의 포문을 돌려야 할 것이다,

우리가 그리할 것이듯, 이 시건방진 성벽 쪽으로.

그리고 우리가 그것을 밋밋하게 밀어냈을 때,

그때 서로 싸우면 되는 거지, 그리고 단칼에

해결을 보는 거야, 천국으로 가든 지옥으로 가든.

필립 왕 그렇게 하지.—말하라, 그대는 어느 쪽을 공격할 텐가?

존 왕 우리는 서쪽에서 멸망을 안겨 주겠다,

이 도시의 가슴에.

오스트리아 공작 나는 북쪽에서.

필립 왕 짐의 대포는 남쪽에서

포탄의 소나기를 쏟아부으리라 이 도시에.

사생아 〔존 왕에게〕 오 현명한 전술이십니다! 북쪽과 남쪽에서

오스트리아와 프랑스가 서로 포문을 열다니.

제가 그러라고 그들을 부추기지요. 가세요, 어서, 어서!

시민 우리 말을 들어 주시오, 위대한 왕들, 잠시만 멈추어 주시면,

제가 얼굴 잘생긴 동맹과 평화의 길을 제시해 드리겠습니다.

공격이나 상처 없이 이 도시를 얻으소서.

숨 쉬는 생명들이 침대에서 숨을 거두게 해 주소서,

여기 전장에서 희생되지 않고 말입니다.

고집 피우지 마시고, 제 말을 들어 보소서, 강력하신 왕들이

시여.

존 왕 허락할 테니 말하라. 짐은 기꺼이 듣겠노라.

시민 거기 계신 스페인 왕의 따님, 블랑슈 공주는,

잉글랜드 왕의 조카딸도 되지 않습니까. 나이를 따져 보소서

왕세자 루이와 저 아름다운 처녀의.

건장한 사랑이 아름다움을 찾아 나설진대,

블랑슈보다 더 아름다운 분을 어디서 찾겠습니까?

경건한 사랑이 미덕을 찾아 나설진대,
블랑슈보다 더 순결한 분을 어디서 찾겠습니까?
야망의 사랑이 혈통의 배필을 찾아 나설진대,
누구 혈관이 블랑슈 공주님 그것보다 더 귀한 피를 지니고
있겠습니까?
그분 아름다움이, 미덕이, 출생이 그러하니,
젊은 왕세자님과 완벽하게 맞는 짝입니다.
그렇지 않다면, 오, 그건 그분이 그녀 없기 때문이지요.
그리고 그녀가 완벽하지 않다면—결점이라면—단 하나
그녀에게 그분 없기 때문이지요.
그는 축복받은 인간의 반쪽이고,
그녀 같은 분이 채워 줘야 온전해지는 거죠.
그리고 그녀의 둘로 나뉜 탁월한 아름다움은,
그를 만나야 그 완성이 온전해지는 거구요.
오, 이런 은빛 물결 두 줄기가 합쳐지면
그것들을 한데 아우르는 둑이 영광 입을 것이고,
한 줄기로 합친 이 두 줄기 하천에 대한 두 해변,
두 개의 통제 영역이 바로 그대들, 두 분의 왕이신 거죠,
그대들이 결혼시킨 이 두 분 왕자 공주님한테.
이 결합은 대포 공격보다 더 많은 효과를
우리의 굳게 담긴 대문에 낼 수 있습니다. 이 결혼은,
성냥불 그은 화약보다 더 신속한 열정으로 강제하여,
통로의 입을 우리가 활짝 열고,
두 분을 맞을 것입니다. 하지만 이 결혼이 없다면,
성난 바다조차 그 막무가내가 반도 채 안 될 것이며,

사자들도 더 자신만만하지 못할 것이며, 산과 바위들도
더 꿈쩍 안 하지는 않을 것이며, 아, 죽음 그 자체도
치명적인 분노가 그만큼 단호하지는 않을 것입니다,
우리가 이 도시를 지키는 것에 비하면.

사생아 〔방백〕 방해물이로군
늙은 죽음의 썩은 시체에서
그 소지품을 훔쳐 내는 짓. 정말 대단한 입이다.
죽음과 산맥을, 바위와 바다를 토해 내고,
포효하는 사자에게 하는 말투가
마치 열세 살 처녀 애완견 다루듯 하니.
어떤 포수가 이리도 대단한 걸 발사했나?
말 뽄새는 평범한데, 발사, 그리고 포연, 그리고 쾅이라니.
혓바닥으로 작살을 내는구나.
귀를 곤봉으로 마구 갈겨. 그의 말 한마디 한마디가
프랑스 왕의 주먹보다 더 뭇매를 가해 대는 꼴이야.
니미럴! 말로 이렇게 맞아 본 적은 처음이네
내 동생 아버지를 아빠라고 처음 부른 이후로.

일리노어 대비 〔존 왕에게 방백〕 아들아, 좋은 생각 같구나, 이 결혼
을 성사시키거라.
조카딸과 함께 지참금을 후하게 줘.
왜냐면, 이 결합으로, 넌 보다 분명히 할 수 있을 거야
지금은 불분명한 왕관의 보장을,
그러면 저 새파란 애는 볕을 쪼일 태양이 없게 되지
꽃을 피우면 강력한 열매를 맺겠지만 말이다.
프랑스 왕도 표정을 보니 그럴 모양이구나,

저 봐 귓속말을 나누잖니. 채근을 해 그들이

이 야망을 눈치 채기 전에,

안 그러면 아서를 위한 열정이, 지금은 바람결처럼

부드러운 청원, 동정심, 그리고 회한 때문에 녹은 상태지만,

차게 식어 원래 형태로 응고할 수도 있어.

시민 왜 두 분 왕께서는 답을 주지 않으십니까

위협받는 우리 도시가 내놓은 이 우호적인 제안을?

필립 왕 잉글랜드 왕이 먼저 말하시오, 먼저 나서서

이 도시에 말을 건넸으니. 어떻게 하시겠소?

존 왕 거기 계신 왕세자, 그대의 의젓한 아드님이,

이 아름다운 책에서 '사랑해요.'라는 문장을 읽으신다면,

그녀의 지참금은 왕비에 준하게 될 것이오.

앙주와 아름다운 투렌, 마인, 프와투,

그리고 바다 이쪽에서—

우리가 포위 중인 이 도시는 빼고—

짐의 왕관과 권위에 복종하는 모든 영토가,

그녀의 신부 침대를 황금칠 하게 될 것이오, 그리고 그녀의 풍부한

칭호, 명예, 그리고 신분은,

그녀의 아름다움, 교양, 혈통이 그렇듯,

세계의 어느 공주와도 맞먹게 될 것이오.

필립 왕 네 생각은 어떠냐, 애야? 그녀의 얼굴을 보거라.

왕세자 루이 보고 있어요, 아버님, 그리고 그녀 눈에서 제가 찾은 것은

놀라움, 아니 놀라운 기적이에요,

제 자신의 그림자가 그녀 눈 속에 형성되었는데,
그것이, 아버님 아들의 그림자일 뿐인데도,
태양이 되어 아버님 아들을 그림자로 만들어 버리는군요.
단언컨대 전 저 자신을 사랑한 적이 한 번도 없었어요
지금 내 자신의 모습이 고스란히
그녀 눈의 아첨 떠는 표면에 그려진 것을 보기 전까지는.

> 그가 블랑슈와 귓속말을 나눈다.

사생아 〔방백〕 그녀 눈의 아첨 떠는 표면에 그려지고,
그녀 이마의 찌푸리는 주름살에 목매달리고,
그녀 가슴 속에 저며졌다 이거지, 말 그대로
사랑의 반역자 처형된 꼴인데. 이건 안됐잖나,
목매달리고 내장 뽑히고 저며져야 한다니
이런 여인 속에 저렇게 막돼먹은 촌뜨기가 말야.
블랑슈 〔왕세자 루이에게〕 제 삼촌의 뜻이 이 문제에서는 제 뜻입니다.
그분께서 당신을 마음에 들어 하는 데가 있다면,
그분의 호감을 사는 그 무엇이든
전 쉽사리 그것을 제 뜻으로 돌릴 수 있어요.
혹은 당신이 원하신다면, 좀 더 정확히 말하자면,
난 그걸 쉽사리 저의 사랑에 강제할 수 있답니다.
더 이상은 아첨 떨지 않겠습니다. 공자님,
제가 보는 당신은 모든 게 사랑에 값한다는 것 말고는.
더 정확하게 말하자면, 제가 보는 당신한테는,
비록 공자님께서는 스스로를 폄하하실지 모르겠으나,
저는 미워할 만한 점을 찾을 수가 없습니다.

존 왕 젊은이들 생각은 어떠한가? 네 생각은 어떠냐, 내 조카?

블랑슈 저는 언제나 명예로 따를 것이옵니다

　　현명한 폐하께서 내려 주시는 분부라면.

존 왕 말해 보시게, 왕세자, 이 여인을 사랑하겠는가?

왕세자 루이 그리 묻지 마옵시고, 사랑하지 않을 수 있나 물어 주

　　소서,

　　그녀를 사랑하는 마음 참으로 감추기 어려운 까닭입니다.

존 왕 그렇다면 내 주노라, 볼퀘상, 투렌, 마인,

　　프와투, 그리고 앙주, 이 5개 주를,

　　그녀와 함께 그대에게, 그리고 그에 더하여,

　　영국 금화 2만 파운드를 꽉 채워 주리라.

　　프랑스의 필립, 이 제안이 만족스럽다면,

　　그대의 아들과 딸이 서로 손을 잡으라 명하시오.

필립 왕 썩 마음에 드오.—젊은 공주와 왕자, 손을 잡으라.

오스트리아 공작 그리고 입술도 맞춰야겠죠, 기억이 선명한데,

　　내 첫 약혼식 때도 그랬거든요.

　　　　왕세자 루이와 블랑슈 공주가 손을 잡고 입을 맞춘다.

필립 왕 자 앙제 시민들이여, 대문을 열고,

　　그대들의 작품인 그 우호를 맞이하라,

　　즉시 성 메리 예배당에서

　　결혼식을 거행할 것이다.—

　　콘스탄스 부인은 진중에 없는가?

　　〔방백〕 없겠지, 이 결혼이 성사되는 데

　　그녀가 있었다면 꽤나 성가셨을 거야.

〔크게〕 부인과 그 아들은 어디 있는가? 누구 아는 자 말하라.

왕세자 루이　마음이 울적하고 슬픔이 가득하여 폐하 막사에 계시
　　　나이다.

필립 왕　우리가 맺은 이 동맹이
　　　그녀 슬픔을 별로 달래 줄 것 같지도 않고.—
　　　잉글랜드의 형제왕, 어떻게 하면 우리가 달랠 수 있겠소
　　　이 미망인을? 그녀의 권리를 찾아 주겠다고 우리가 왔는데,
　　　그것이, 어찌된 일인지, 다른 쪽으로 틀어져
　　　이득은 우리가 보게 되었으니.

존 왕　모두 잘될 거요.
　　　어린 아서를 브리튼 공작 겸
　　　리치먼드 백작으로 봉할 거고, 이 부유하고 아름다운 도시도
　　　그를 주인으로 섬기게 만들 것이니까. 콘스탄스 부인을 부
　　　르라.
　　　발 빠른 전령을 보내 오시라 이르라,
　　　우리 결혼식에. 난 그녀가 올 거라 믿소,
　　　그녀 뜻대로 다 해 줄 수는 없으나
　　　어느 정도는 만족을 시켜서
　　　그녀가 앵앵대는 걸 막아야 할 거요.
　　　갑시다, 될 수 있는 대로 서둘러서
　　　이 예기치 않은, 사전 준비되지 않은 의식을 치르러.

　　　　　　　　화려한 취주. 사생아만 남고 모두 퇴장

사생아　미친 세상에, 미친 왕들에, 미친 수작이로다!
　　　존은, 아서의 전체 호칭을 막기 위해,

기꺼이 일부를 떼어 주었다.

그리고 프랑스 왕은, 양심이 그의 갑옷 혁대를 채워 주고,

열정과 자비심이 전장에 데려왔으므로,

올 때는 하나님 자신의 병사로 왔으나, 그 귀에 속삭여 댄다,

이해타산이라는 놈, 그 교활한 악마가,

신뢰의 대갈통을 언제든 까부수는 브로커,

날마다 맹세를 깨는 놈, 누구든 해치워 먹을 놈,

왕이든, 거지든, 노인이든, 청년이든, 처녀든,─

잃을 물건이

'처녀'라는 말밖에 없는 불쌍한 처녀의 그 이름까지 해치워

먹는 놈─

생기기는 그럴듯한 신사 놈, 감언이설 하는 생필품.

이해타산이지, 세상을 볼링공처럼 치우치게 만드는,

세상은 제 혼자 균형을 잡고,

평평한 땅을 평평하게 굴러가게 돼 있건만,

결국은 이 이해타산이, 악행으로 이끄는 이 치우침이,

동선의 휘어짐이, 이 이해타산이,

그것을 달아나게 만들지, 온갖 공평무사로부터,

온갖 방향, 목적, 과정, 의도로부터.

그리고 바로 이 치우침, 이 이해타산,

이 뚜쟁이, 이 브로커, 모든 것을 바꾸는 이 구변이

변덕스런 프랑스 왕의 바깥 눈알을 움켜쥐고,

그 자신이 결심한 도움의 길을 벗어나,

명예로운 결단의 전쟁을 벗어나,

참으로 야비하고 사악한 결론의 평화로 들어서게 했나니.

하지만 난 왜 이 이해타산을 이리도 마구 씹어 대는가?
그것이 아직 나한테 따라붙지를 않고 있기 때문이지—
10실링짜리 대천사 동전이 내 손바닥에 입을 맞출 때,
주먹을 움켜쥐고 그것을 거절할 힘이 내게 있기 때문이 아
니라,
내 손이, 아직 유혹을 받지도 않았는데,
불쌍한 거지처럼 부자를 마구 씹어 대기 때문이다.
좋아, 거지인 동안은 내가 마구 씹어 주리라,
그리고 부자인 것이야말로 죄악이라고 말해 주리라,
그리고 부자가 되면, 그때 나의 미덕은
거지꼴처럼 사악한 것은 없다고 말하는 것.
왜냐면 왕들도 이해타산 때문에 신의를 깨니까,
이득이여, 나의 주인이 되라, 내가 그대를 숭배하리니.

　　　퇴장

2막 2장
앙제 옆 프랑스 진영

콘스탄스 부인, 브리튼 공작 아서, 그리고 솔즈베리 백작 등장

콘스탄스 〔솔즈베리에게〕 결혼을 하러 갔다구? 평화를 맹세하러 갔
      어?

거짓된 피가 거짓된 피와 합쳤구나! 친구가 되러 갔다?

루이가 블랑슈를 차지하고, 블랑슈는 그 지방들을 차지해?

그렇지 않아, 잘못 말한 거요, 잘못 들었을 거야.

생각을 잘 다듬고, 다시 얘기해 봐요.

그럴 리가 없어, 당신 말만 그럴 뿐이지.

당신 말 안 믿어도 된다고 난 믿어요, 당신 말은

왕족을 모르고 그냥 내뱉는 것에 불과하니까.

정말, 난 당신 말 안 믿어요, 백작.

내가 받은 왕의 맹세는 정반대 내용이오.

이렇게 날 놀래킨 것에 대해 당신은 벌을 받게 될 거요.

내가 병들어 경기가 있단 말이오.

그리 박해를 당했으니, 깜짝깜짝 놀랄 밖에.

남편 없는 과부라, 겁에 질리고,

원래 겁이 많은 여인이기도 하오.

그리고 설령 그대가 지금 그냥 농을 해본 거라고 고백하더

라도,

　　놀란 가슴을 내가 진정시키지 못하고,

　　오늘 하루 종일 가슴이 두방망이질 할 것이오.

　　경은 어인 일로 그렇게 머리를 흔드시오?

　　왜 내 아들을 그리 슬픈 눈으로 바라보는 거요?

　　경의 가슴에 손을 얹는 것은 무슨 뜻이오?

　　왜 경의 눈에 눈물이 고이는 거요,

　　둑 위를 넘보며 부푸는 강물처럼?

　　이 슬픈 징표들은 경의 말이 확실하다는 뜻이오?

　　그렇담 다시 말해 보시오—이전 얘기를 다 하지 말고,

　　이 한마디만, 경의 얘기가 사실인지.

솔즈베리　부인께서 그들을 거짓된 자들이라고 믿는 바로 그만큼
　　사실입니다

　　바로 그들이 부인께서 내 말이 사실이냐고 물어보게끔 만드
　　는 자들이구요.

콘스탄스　오, 경이 내게 이 슬픔을 믿으라 가르치는 것이라면,

　　가르쳐 주시오 이 슬픔에게 나를 죽게 만드는 방법을.

　　그리고 믿음과 생명의 대면이

　　필사적인 두 사내의 분노처럼

　　만남 그 자체로 쓰러져 죽게 해 주오.

　　루이가 블랑슈와 결혼을! 〔아서에게〕 오 얘야, 그때 넌 어디
　　있었느냐?

　　프랑스가 잉글랜드와 친구라니!—난 어떻게 되는 거지?

　　〔솔즈베리에게〕 이자야, 꺼지거라, 더 이상 네 꼴을 보지 못하
　　겠나니.

이 소식은 너를 가장 추악한 자로 만들었나니.

솔즈베리 제가 무슨, 착하신 부인, 다른 해를 끼쳐 드렸습니까,

다른 사람이 저지른 해를 말씀드렸을 뿐인데요?

콘스탄스 그 안에 든 해악이 너무도 극악무도한 것이라

그것에 대해 말을 하는 자 누구든 해를 끼치는 것이나 마찬
가지요.

아서 제발, 어머니, 진정 좀 하세요.

콘스탄스 내게 진정하라고 하는 네가 냉혹하고,

추하여 네 어미 자궁을 중상모략 하는 아이라면,

불쾌한 얼룩과 보기 흉한 자국 천지라면,

절름발이고, 멍청하고, 꼽추고, 얼굴 시커멓고, 괴물 같아
불길하다면,

지저분한 사마귀와 눈에 거슬리는 점들이 덕지덕지하다면,

난 상관없어, 그러면 내가 진정을 하지,

왜냐면 그때는 내가 널 사랑하지 않을 테니까, 절대로, 네가
네 위대한 혈통에 어울리지도 않을 테고, 왕관을 쓸 자격도
없을 테니까.

하지만 넌 아름다워, 그리고 네가 태어날 때, 소중한 아가야,

자연과 행운의 여신이 힘을 합하여 널 위대하게 만들어 주
었단다.

자연의 선물에 대해서는 백합한테 자랑해도 될 정도야,

그리고 이제 마악 피어나려는 장미한테도. 하지만 운명의
여신은, 오,

그녀는 부패했고, 변심했고, 너를 떠났어.

그녀는 시간마다 몸을 팔지, 네 삼촌 존에게,

그리고 그녀의 황금손으로 프랑스 왕을 꼬드겨
네 주권에 대한 아름다운 정당한 존중을 짓밟게 하고
그의 위엄을 둘 사이 뚜쟁이로 만들었어.
프랑스 왕은 운명의 여신과 존 왕에게 뚜쟁이란다,
창녀 같은 운명의 여신과, 찬탈자 존에게 말이다.
〔솔즈베리에게〕 말해 보라, 이자야, 프랑스 왕은 맹세를 저버
린 자 아닌가?
그놈을 말로 독살하든지, 아니면 꺼져라
이 모든 비탄을 그냥 내버려 두고 말이다, 나 혼자
고통받아야 할 모양이니까.

솔즈베리 죄송합니다만, 부인,
부인이 안 가시면 제가 왕께 갈 수가 없습니다.

콘스탄스 갈 수가 있지, 가야 하고. 난 너와 함께 가지 않을 것이다.
내 슬픔에게 오만해지라고 이르리라,
슬픔은 오만하여 그것을 지닌 자 굴복케 하거든.

〔그녀가 땅바닥에 앉는다〕

나에게 또 내 슬픔의 옥좌로
왕들을 모이게 하라, 왜냐면 내 슬픔 너무도 무거워
거대하고 단단한 대지 밖에는
떠받쳐 줄 수가 없도다. 여기 나와 슬픔이 앉았으니
여기가 내 옥좌다. 왕들이 와서 절하게 하라.

솔즈베리와 아서 퇴장

제3막

짐이, 하나님 아래, 최고 수장이듯,
그렇게, 그분 아래서, 그 위대한 주권을
짐이 지배하는 곳에서 짐이 홀로 유지하리라
필멸 인간의 도움을 받지 않고.

3막 1장

앙제 옆 프랑스 진영

화려한 취주. 손을 잡은 존 왕과 프랑스 왕 필립, 결혼한 왕세자 루이와 블랑슈 공주, 일리노어 대비, 사생아 필립, 그리고 오스트리아 공작 등장

필립 왕 〔블랑슈에게〕 그렇단다, 아름다운 며늘아가, 그리고 축복받은 오늘은

프랑스에서 영원히 축일로 지켜질 것이다.

오늘을 축하하기 위해, 영광스러운 태양이

궤도에 멈춰 서서 연금술사 역을 수행,

소중한 그 눈의 광채로

보잘것없는 흙덩이 대지를 반짝이는 황금으로 만들어 주는 도다.

해마다 이 날을 부르는 진로는

반드시 축제일로 보게 하리라.

콘스탄스 〔몸을 일으키며〕 사악한 날이오, 축제일이라니 당치 않소!

오늘이 무슨 자격이 있는가? 무엇을 했다고,

황금 글씨를 새겨야 하는가,

달력 대축일 중 하나로?

아니지, 오늘은 차라리 주에서 빼 버려야지,

58 존 왕

치욕과, 억압과, 새빨간 거짓말의 오늘은.

그래도 굳이 남아 있어야 한다면, 아기를 밴 여인들은

기도하게 하라, 오늘은 자신의 짐들을 떨구지 않게 해 달라고,

태어난 아기들의 희망이 불길한 괴물 형용으로 어긋날 수 있으니.

오늘만큼은 선원들이 난파를 두려워해야 하리,

오늘만큼은 계약을 맺지 말아야 하리,

오늘 시작된 모든 일은 결과가 나쁘나니,

그렇구나, 믿음 자체가 텅 빈 거짓으로 바뀌는 날이로다.

필립 왕 하늘에 맹세코, 부인, 부인은 저주하실 이유가 없게 되실 겁니다,

오늘의 진전은 잘된 거예요.

제가 왕의 영을 걸고 부인께 서약하지 않았던가요?

콘스탄스 나를 기만했지요 위조 금화 같은

왕령으로, 직접 써 보니

가치가 전혀 없다는 게 드러났고요. 당신은 맹세를 저버렸어요, 저버렸다고요.

당신이 무기를 들고 내 원수를 피 흘리게 하려고 와서는,

오히려 원수의 피를 당신의 피로 강화하고 있어요.

전쟁의 거칠게 찌푸린 눈쌀과 드잡이 활력이

우호와 위조된 평화로 싸늘하게 식고,

우리의 고통이 이 동맹을 가능케 했다구요.

무기를, 무기를 들어 주세요, 하늘이시여, 이 거짓 맹세의 왕들을 겨냥하여!

과부가 울부짖나니, 제게 남편이 되어 주소서, 하나님!
신을 두려워 않는 이 날이
평화로이 시간을 다하게 하지 마시고, 태양이 지기 전에
놓아 주소서, 거짓 맹세의 두 왕 사이에 무장된 불화를.
제 말 들으소서, 오 들어 주소서!

오스트리아 공작 콘스탄스 부인, 진정하세요.

콘스탄스 전쟁이다, 전쟁, 나더러 진정하라니! 내게 진정은 전쟁
이오.
오, 리모주, 오, 오스트리아 공작, 비웃는도다,
그 피비린 사자 가죽이. 노예, 형편없는 자, 겁쟁이 같으니!
용기는 쥐꼬리만큼도 없는 주제에, 악행은 엄청난 놈,
늘 더 강한 편에 붙어 힘자랑하는 위세꾼,
너 이놈 행운의 여신의 치마밑 자식, 이리저리 피해 다니다가
변덕스러운 네 여신이 옆에서 안전하다고
일러줘야 비로소 칼을 뽑는 놈. 너도 맹세를 배신당했건만
권력에 아부나 하다니. 정말 바보로다,
허세뿐인 바보, 큰소리치고 발을 구르고, 맹세를 했다구
나를 위해! 이 냉혈한 놈아,
네가 나를 위해 천둥처럼 말하고,
나의 병사가 되겠다 맹세하고, 내게 의지하라 하지 않았더냐
너의 별에, 너의 운명에, 그리고 너의 힘에?
그런데 이제 네가 나의 원수들한테로 넘어간단 말이냐?
너 같은 놈이 사자 가죽을 입다니! 벗어라, 창피하지도 않
느냐,
그리고 그 비겁한 사지에 송아지 가죽이나 걸치면 되겠구

나.

오스트리아 공작 오, 사내가 내게 저런 말을 했어야 하는 건데!

사생아 그리고 그 비겁한 사지에 송아지 가죽이나 걸치면 되겠구
나.

오스트리아 공작 너 그렇게 함부로 말하지 마라, 이놈, 죽여 버린
다.

사생아 그리고 그 비겁한 사지에 송아지 가죽이나 걸치면 되겠구
나.

존 왕 〔사생아에게〕 왜 이러는가. 자기 신분을 잊으면 안 되지.

   팬돌프 추기경 등장

필립 왕 교황의 신성한 특사가 저기 오시는군.

팬돌프 인사드립니다. 그대 하나님의 기름 부음을 받은 대리인들
이시여.—
   그대, 존 왕께, 내가 교황청 심부름을 왔소.
   나 팬돌프, 아름다운 밀라노 추기경이자,
   교황 이노센트의 명에 따라 이곳으로 온 특사는,
   교황의 이름으로 경건하게 묻노니
   왜 그대는 교회, 우리의 성모에 반하여,
   그토록 제멋대로 쫓아내고, 강제로
   스티븐 랭튼, 교황이 뽑은 캔터베리
   대주교를 관할 구에서 떼어 놓았는가?
   이것을, 전술한 우리 성부의 이름으로,
   교황 이노센트, 내가 묻노라 그대에게.

존 왕 지상의 직함을 가진 자 누가 심문을

하겠다 나설 수 있는가, 신성한 왕의 자유로운 숨결에?

그대가, 추기경, 고작 교황이라는,

너무도 하찮고, 가치 없고, 또 우스꽝스러운

이름을 내세워 내게 대답을 강요하다니.

가서 그에게 그렇게 전하라, 그리고 잉글랜드 왕이 제 입으로 그러더라고

이 말도 덧붙이거라, 어떤 이탈리아 사제도

짐의 영토에서는 십일조 혹은 교회 재정을 걷지 못하리라.

짐이, 하나님 아래, 최고 수장이듯,

그렇게, 그분 아래서, 그 위대한 주권을,

짐이 지배하는 곳에서 짐이 홀로 유지하리라

필멸 인간의 도움을 받지 않고.

그렇게 교황에게 전하라, 모든 존중을 거부하노라

그와 그가 찬탈한 권위에 대하여.

필립 왕 잉글랜드의 형제 왕, 그 말은 신성모독이오.

존 왕 비록 그대와 기독교국의 모든 왕들은

이 사제의 간섭에 너무도 질질 끌려다니며,

돈으로 해결할 수 있는 그 저주를 겁내나,

사악한 황금, 찌꺼기, 먼지 따위로,

한 인간한테서 부패한 면죄를 사들이고 있으나,

그 인간이 그때 파는 것은 오히려 그 인간의 희망 없음이라.

비록 그대와 나머지 왕들이 모두 그토록 질질 끌려다니며

이 사기꾼 마법사를 아껴 국고를 지원하고 있으나

나만은, 나 하나만은 싸울 것이오

교황에 맞서, 그리고 그의 친구를 나의 적으로 간주할 것이

오.

팬돌프 그렇다면 내가 지닌 법적 권한으로

　　그대를 저주하고 파문할 밖에 없소.

　　그리고 축복받으리, 반란을 일으켜

　　이단자에 대한 충성을 떨쳐 내는 자.

　　그리고 보상받으리 그 손,

　　성인 명부에 올라 추앙받으리,

　　어떤 은밀한 수단을 쓰든

　　그대의 가증스런 생명을 해치우는 그 손.

콘스탄스 오 나도 합법적으로

　　로마와 함께 잠시 저주할 기회를 주시오.

　　훌륭하신 추기경님, '아멘'이라 외쳐 주소서,

　　나의 날카로운 저주에, 제가 당한 권리 침해 말고는,

　　어떤 혓바닥도 저자를 제대로 저주할 수가 없음입니다.

팬돌프 나는 법과 위임장에 따라, 부인, 나의 저주를 내리는 겁니다.

콘스탄스 저의 저주도 그렇지요. 법이 아무 정의도 펼칠 수 없다면,

　　전 법으로 저주를 막지 않는 것이 합법적이라 하겠어요.

　　법은 여기 있는 내 아이한테 그의 왕국을 줄 수 없어요,

　　왜냐면 그의 왕국을 차지한 자가 법도 쥐고 있거든요.

　　그러니, 세속의 법 자체가 완벽한 범죄인 터에,

　　어떻게 신성한 법이 금할 수 있단 말입니까, 내 혀의 저주를?

팬돌프 프랑스의 필립, 저주받지 않으려거든,

　　놓으시오, 그 제1의 이단자 손을,

그리고 프랑스의 힘으로 그의 머리를 조아리게 하시오,

　　그가 스스로 로마에 복종하지 않는 한.

일리노어 대비　핏기가 가시는 거요, 프랑스 왕? 손을 놓지 마시오.

콘스탄스　〔존 왕에게〕조심하거라, 악마야, 프랑스 왕이 마음을 돌리고,

　　손을 놓으면 지옥 갈 영혼이 하나 줄어든단다.

오스트리아 공작　필립 왕, 추기경 말씀을 들으시오.

사생아　그리고 그 비겁한 사지에 송아지 가죽이나 걸치면 되겠구나.

오스트리아 공작　그래, 네놈, 이 모욕은 주머니에 잠시 넣어 둬야겠구나.

　　왜냐하면─

사생아　모욕을 네 바지에 두지 어디 두겠나.

존 왕　필립, 추기경의 말에 대한 그대 대답은 무엇인가?

콘스탄스　달리 무슨 말을 할까, 추기경 말씀을 따르는 거지?

왕세자 루이　잘 생각하세요, 아버님, 차이는

　　로마로부터 저주를 받는 비싼 희생이냐,

　　아니면 영국 왕 친구를 잃는 가벼운 손실이냐입니다.

　　손쉬운 걸 버려야죠.

블랑슈　그게 로마의 저주예요.

콘스탄스　오 루이, 흔들리지 말거라. 악마가 지금 널 유혹하는구나.

　　신방도 안 치른 새 신부 모습으로.

블랑슈　콘스탄스 부인의 말은 믿음이 아니라,

　　필요에서 나온 거예요.

콘스탄스 〔필립 왕에게〕 오 만일 그대가 내 필요를 채워 준다면,

　　　나의 필요가 오로지 신뢰가 죽음으로써 생긴 것이라,

　　　그 필요는 이런 진실을 암시할 필요가 있는 거요.

　　　신뢰가 다시 살아나려면 그 필요가 죽어야 한다는 것.

　　　오 그렇다면 내 필요를 짓누르면, 믿음이 올라가고,

　　　내 필요를 계속 존속케 하면, 믿음은 짓밟히는 거요.

존 왕　왕이 동요하는군, 대답을 못하고.

콘스탄스 〔필립 왕에게〕 오, 그자한테서 떨어지세요, 그러면 답변하

　　　기 쉬울 게요.

오스트리아 공작　그러세요, 필립 왕, 더 이상 의심에 매달리지 마시

　　　고.

사생아　넌 그냥 송아지 가죽에나 매달리거라, 참으로 귀여운 촌

　　　뜨기 놈.

필립 왕　난 난처해서, 무슨 말을 해야 할지 모르겠소.

팬돌프　무슨 말을 하든 더 난처해질 게 뭐 있소,

　　　당신이 파문당하고 저주받는다면?

필립 왕　훌륭하신 신부님, 제 입장이 되시어,

　　　말해 주시오, 어떻게 하실 것인지.

　　　이 왕의 손과 내 손이 새로 합쳐졌고,

　　　우리의 내적 영혼이

　　　동맹으로 결혼했고, 짝지어졌고 함께 연결되었소,

　　　성스러운 맹세의 온갖 종교적인 힘으로.

　　　최근에 숨결이 소리를 낸 낱말은

　　　굳은 맹세의 믿음, 평화, 우호, 진정한 사랑이었소,

　　　우리 왕국과 우리 왕들 사이의.

그리고 이 협정 바로 전, 아주 바로 전,

우리가 우리 손을 씻는 것보다 더 짧은 시간 전에

왕들 사이 평화 거래를 악수로 맺는 것보다 더 짧은 시간 전에,

그렇소, 그 손들은 더럽혀지고 심하게 얼룩졌었소

학살의 붓질로, 복수의 신이 칠한 거였습니다

성난 두 왕의 끔찍한 차이를.

그런데 이 손들이, 정말 방금 전 피를 씻기웠고,

방금 전 사랑으로 맺어졌고, 피도 사랑도 그토록 강했건만,

그래야 하겠소? 악수와 이 친절한 답례의 멍에를 풀고,

믿음을 쉽게 저버리고, 그렇게 하늘과 희롱하고,

우리를 이리도 변덕스런 어린애들로 만들어야 하겠소?

그리하여 지금 다시 손바닥을 손바닥에서 와락 빼내고,

맹세한 믿음을 철회하고, 미소 짓는 평화의

결혼 침대에 피비린 군대를 진주시켜야 하겠소?

그리고 폭동을 일으켜야 하겠소, 진정한 성심의

그 부드러운 이마 위에서? 오, 신성한 분,

나의 신부님, 그리하게 마시오.

은혜로운 마음으로, 짜내고, 명하고, 가해 주시오

보다 부드러운 조치를, 그러면 짐은 축복받은 몸으로

그대의 뜻을 따르고 계속 친구로 남을 것이오.

팬돌프 온갖 예의는 예의 없고, 명령은 개판이요,

잉글랜드 왕의 사랑에 반대하는 것이 아닌 한.

그러니 무기를 드시오, 우리 교회의 투사가 되시오,

아니면 교회, 우리들의 어머니가, 그녀의 저주를,

어머니의 저주를, 거역하는 그녀 아들에게 내뱉게 하던가.

프랑스 왕, 그대가 뱀의 혓바닥을 손에 쥐더라도,

광포한 사자의 치명적인 턱을,

굶주린 호랑이의 이빨을 쥐더라도,

그대가 쥐고 있는 그 손을 그대로 두는 것보다 더 어렵고 위
험하지는 않을 것이오.

필립 왕 악수야 풀 수 있지만, 내 믿음은 그러지 않잖소.

팬돌프 그러면 그대는 믿음을 믿음의 적으로 만드는 셈이고,

내전처럼, 맹세를 맹세에 맞서게,

그대 혀를 그대 혀에 맞서게 하는 것이오. 오, 그대의 맹세
가,

먼저 하늘에다 했던 것이니, 먼저 하늘에 행해지게 하시오.

내 말은, 우리 교회의 투사가 되라는 거요.

그다음에 한 당신의 맹세는 당신 스스로를 거스른 맹세이
니,

당신이 실행할 수 없소.

당신이 잘못하겠다고 한 맹세가

잘못되지 않으려면 아예 실천을 않는 것이 진정한 실천인
것,

그리고 악으로 기우는 행동이 취소될 때,

진실은 그 행동을 하지 않을 때 가장 잘 행해지는 것이오.

어긋난 목표의 보다 나은 행동은

한 번 더 어긋나는 것. 비록 돌아가는 것이지만,

그 돌아감이 그리하여 곧장 가는 것으로 되고,

거짓이 거짓을 치유하오, 속담에 불이 불을 식힌다지 않소

갓 타오른 불의 그을은 혈관 속에서.
종교가 우리로 하여금 맹세를 소중히 하라 시키오.
하지만 그대는 종교에 반하는 맹세를 했으니
그대의 맹세 내용으로, 그대 맹세의 바탕을 거스르고 있으니
그리고 하나의 선서로 그대 진실을 보증하고 있으니
선서에 반하고, 진리에 반하는 일이오. 그대는 자신이 없소,
맹세에. 오로지 거짓 맹세를 하지 않기 위한 맹세 말고는—
아니라면 얼마나 가소롭겠소 맹세한다는 것이!—
그러나 그대는 진정 오로지 거짓 맹세를 하기 위해 맹세하
고 있는 것이오.
참으로 거짓 맹세죠, 당신이 맹세한 것을 지키겠다는 당신
의 맹세는.
그러니 그대의 처음 맹세에 맞선 당신의 나중 맹세는
그대 자신을 겨냥한 그대 자신의 반역이고,
그것을 진압하는 가장 좋은 방법은
그대의 한결같고 고결한 부분을 무장시켜
어지럽고 타락한 이 따위 유혹을 쳐부수는 것이오.
더 나은 편에 우리의 기도는 바쳐질 것이오
그대가 받아들인다면. 하지만 그렇지 않다면, 알아 두시오
우리가 내릴 저주의 재난은
너무도 무거워 그대가 떨쳐 낼 수 없고,
저주받은 절망으로 죽게 될 것이오 저주의 검은 무게에 눌
려.

오스트리아 공작 반역이다. 당장 반역을 하는 거야!

사생아 아니 이자가 그런데?

송아지 가죽으로 틀어막아도 닥치지 못하겠나?

왕세자 루이 아버님, 무기를 드세요!

블랑슈 당신의 결혼식 날에?

　　　당신이 결혼한 그 혈통을 겨냥하여?

　　　아니, 우리의 축제에 학살당한 사람들을 초대할 건가요?

　　　나팔의 고함 소리와 시끄럽고 촌스러운 북소리,

　　　지옥의 아우성이, 우리들의 축하 음악이라고요?

　　　　　〔그녀가 무릎을 꿇는다〕

　　　오 남편이시여, 제 말을 들어주세요! 그래요, 아아, 정말 새
　　롭군요

　　　내 입에 '남편'이란 말이! 그 이름을 위해서라도

　　　이 시간까지 제 혀가 한 번도 발음하지 않았던 그 이름을 위해

　　　이렇게 무릎 꿇고 간청하오니, 무기를 겨누지 마세요

　　　제 삼촌을 향해.

콘스탄스 〔무릎을 꿇으며〕 오, 이렇게 무릎 꿇으며

　　　무릎 꿇어 딱딱해진 무릎을 다시 꿇으며, 그대에게 간청하
　　노니,

　　　미덕이 넘치는 왕세자, 바꾸지 마오

　　　하늘이 미리 정하신 운명을.

블랑슈 〔왕세자 루이에게〕 이제 당신의 사랑을 제가 보게 되겠군요.
　　어떤 동기가

　　　당신에게 더 강력하다 하겠습니까, 아내의 이름보다?

콘스탄스 그대를 받쳐 주는 그를 받쳐 주는 것,

　　　그의 명예가 그렇지.—오, 그대의 명예, 루이, 그대의 명예
　　를 생각하시오!

왕세자 루이 〔필립 왕에게〕 제 생각에 폐하께서는 정말 너무 냉정하
십니다

　　이렇게 중차대한 고려 사항들이 폐하를 잡아당기고 있는데
도.

팬돌프 내가 그의 머리에 저주를 내리겠소.

필립 왕 그럴 필요 없을 거요.—영국 왕, 난 그대와 결별하겠소.

　　　　그가 자기 손을 존 왕 손에서 뺀다. 블랑슈와 콘스탄스가 몸을 일
　　　　으킨다.

콘스탄스 오, 추방됐던 위엄의 아름다운 귀환이로다!

일리노어 대비 오, 프랑스다운 변덕의 더러운 모반이로다!

존 왕 프랑스 왕, 그대는 한 시간 안에 이 시간을 후회하게 될 거
요.

사생아 시계하고나 노는 늙어빠진 시간, 그 대머리 교회 무덤 담
당자인 시간,

　　그의 뜻이 그걸까?—뭐 그렇다면, 프랑스 왕이 후회하게 되
겠지.

블랑슈 태양이 피칠갑으로 흐리도다. 좋은 날이여, 안녕!

　　난 어느 편을 따라야 하는 거지?

　　나는 양쪽 다야, 두 군대 각각 내 손을 잡고 있어,

　　그러니 그들이 분노하면, 내가 양쪽을 다 잡고 있으니,

　　그들이 날 양쪽으로 잡아당겨, 내 몸을 찢어발길 거야.

　　남편이여, 난 당신이 이기라고 기도할 수 없어요.—

　　삼촌, 전 삼촌이 졌으면 하고 기도할 밖에 없어요.—

　　시아버님, 전 행운이 시아버님 것이기를 바랄 수 없어요.—

할머니, 전 할머니 소망이 잘 되기를 소망하지 않을 거예요,

누가 이기든, 이긴 편에서 전 지게 되어 있지요.

전 시합이 시작되기도 전에 패배가 확실한 신세예요.

왕세자 루이 부인, 나에게, 나에게 당신의 운이 달려 있소.

블랑슈 내 운이 사는 거기서, 내 목숨은 죽는 걸요.

존 왕 〔사생아에게〕 사촌, 가서 우리 군대를 한데 모으게.—

　　　　〔사생아 퇴장〕

프랑스 왕, 내 몸은 타는 분노로 불타고 있소,

그리고 그 분노의 뜨거움은 이리 말하고 있소.

그 어느 것도 분노를 치유할 수 없다, 피 말고는 그 어느 것
도,

피, 그것도 가장 소중하게 여겨지는 피, 프랑스 왕의 피 말
이오.

필립 왕 그대의 분노가 그대를 태워 버릴 것이고, 그대는

재로 변하겠지, 짐의 피가 그 불을 끄기도 전에.

조심하시오, 그대는 위험에 빠졌나니.

존 왕 위협하는 자보다 더 위험한 건 아니지.— 자 어서 무기를

들라!

　　　　따로따로 퇴장

3막 2장

앙제 근처 평원

전투 경보, 전투. 사생아, 오스트리아 공작의 머리를 들고 등장

사생아 그래, 좋다 이거야, 오늘 날이 갈수록 더워진다 이거지.

어떤 공기 악마 같은 것이 하늘을 떠돌며

해악을 퍼부어 대는 건지. 오스트리아 공작 놈 대가리는 여기 놓고,

이제 필립을 잡을 차례군.

존 왕, 브리튼 공작 아서, 그리고 휴버트 등장

존 왕 휴버트, 이 아이를 지켜라. 필립, 어서 가세!

내 어머니가 막사에서 공격을 받으셨는데,

잡히신 건 아닌지.

사생아 폐하, 제가 그분을 구해 드렸습니다,

대비마마는 안전하십니다, 걱정 마십시오.

하지만 계속 밀어붙여야죠, 폐하, 아주 조금만 더 고생하면

오늘의 노고가 행복한 결말을 맞을 테니까요.

한쪽 문으로 존 왕과 사생아, 다른 쪽 문으로 휴버트와 아서 퇴장

3막 3장

장면 계속

✝

전투 경보, 전투, 퇴각 나팔 소리. 존 왕, 일리노어 대비, 브리튼
공작 아서, 사생아, 휴버트, 대신들이 병사들과 함께 등장

존 왕 〔일리노어 대비에게〕 이렇게 하시죠, 마마께서는 이곳에 남으
세요

방비를 철통같이 하시고요. 〔아서에게〕 조카, 슬픈 표정 지을
거 없다.

네 할머니는 너를 사랑하시니라. 그리고 네 삼촌은

널 네 아버지처럼 소중하게 대할 것이다.

아 서 오, 이러면 제 어머니는 슬픔으로 돌아가실 거예요.

존 왕 〔사생아에게〕 사촌, 잉글랜드로 떠나게! 먼저 가라구,

그리고 우리가 가기 전에, 반드시 털어야 해

수도원장들이 긁어모은 돈 가방을. 평화 시 살찐 갈빗대로

이제 배고픈 자들을 먹이는 거야.

갇혀 있던 천사 금화들을 풀어 주라구.

세리들을 총동원해서 말이야.

사생아 파문의 종, 책, 그리고 촛불도 나를 물리치지 못할 겁니다,

금과 은이 날 오라고 손짓하면 말이죠.

제가 폐하를 떠납니다.—할머니, 기도해 드릴게요,

혹시 기도할 생각이 떠오르면,

　　　할머니의 정당한 안전을 위해서요. 그렇게 제가 할머니 손
에 입을 맞춥니다.

일리노어 대비　잘 가거라, 착한 손자.

존 왕　조카, 잘 가시게. 〔사생아 퇴장〕

일리노어 대비　이리 오너라, 꼬마 친척. 내 말, 한 마디만 들어 보
거라.

　　　　　그녀가 아서를 옆으로 데려간다.

존 왕　이리 오라, 휴버트.

　　　〔그가 휴버트를 옆으로 데려간다〕

　　　오 마음씨 착한 나의 휴버트,

　　　짐은 그대에게 크게 빚졌노라. 이 내 몸 안에

　　　한 영혼이 있어 그대를 자신의 채권자라 생각하고,

　　　이자까지 붙여 그대의 사랑을 갚고자 하노라.

　　　그리고, 나의 훌륭한 친구, 그대의 자발적인 충성 서약이

　　　이 가슴 속에 사노니, 소중히 간직되어 있도다.

　　　그대 손을 내게 다오.

　　　〔그가 휴버트의 손을 잡는다〕

　　　내가 할 말이 있다.

　　　하지만 좀 더 나은 선율로 해야겠지.

　　　참으로, 휴버트, 난 거의 부끄럽다네

　　　내가 자네를 어떻게 생각하는지 말로 표현하려면 말야.

휴버트　폐하의 은총을 많이 입었습니다.

존 왕　좋은 친구, 자네는 그렇게 말할 이유가 아직은 없네,

하지만 곧 생길 거야. 멀지 않은 시간에,
내가 자네한테 좋은 일을 해 줄 것이고.
내가 할 말이 있어─하지만 그건 그냥 두세.
태양이 하늘에 떠 있고, 득의양양한 대낮이,
세상 환락의 시중을 받으며,
너무도 유쾌하고 갖고 놀 것 천지라서
자네가 내 말을 귀담아 듣지 못할 것이니. 만일 한밤중 종이
그 무쇠 헛바닥과 놋쇠 입으로 소리를 내어
밤의 졸리운 경로 속으로 울려 퍼진다면,
우리가 서 있는 바로 이곳이 교회 묘지고,
자네가 천 가지 악행에 씌어 있다면,
혹은 만일 그 뿌루퉁한 정신, 우울이
자네의 피를 무겁고, 두텁게 응고시켰다면,
그렇지 않으면 피는 혈관 위아래를 간질이며 흘러,
웃음, 그 광대를, 사람 눈동자에 머물게 하고
뺨을 잡아당겨 게으른 기쁨을 자아내겠으나─
이건 내 목적에 위배되는 분위기고─
혹은 만일 자네가 두 눈 없이 날 볼 수 있고,
두 귀 없이 날 들을 수 있고, 대답을
혀 없이 할 수 있다면, 이해력만을 구사하면서,
눈, 귀, 그리고 해로운 말 소리 없이,
그러면 눈 크게 뜨고 감시하는 대낮에도 불구하고
내가 자네 가슴에 내 생각을 퍼부을 것이야.
하지만, 아, 그러지 않겠네. 하지만 난 자넬 아주 사랑해,
그리고 내가 믿건대, 자네도 날 아주 사랑하는 것 같으이.

휴버트 너무도 사랑하기에 폐하께서 시키시는 일이라면,

　　　제 행동에 죽음이 따라붙는다 해도,

　　　하늘에 맹세코, 저는 그 일을 할 것이옵니다.

존 왕 자네가 그리할 것을 내가 모를까?

　　　착한 휴버트, 휴버트, 휴버트, 눈을 돌려

　　　저기 저 소년을 보게나. 내 자네한테 말이지만, 나의 친구,

　　　저 아이는 내 길 앞에 놓인 뱀 그 자체라서,

　　　나의 이 발이 딛으려는 곳마다,

　　　그가 내 앞에 놓여 있다네. 내 말 알아듣겠나?

　　　자네는 그의 감시인일세.

휴버트 제가 감시하여

　　　그가 폐하께 누를 끼치지 못하게 하는 거구요.

존 왕 죽음.

휴버트 폐하.

존 왕 무덤.

휴버트 그는 살아 있으면 안 되겠군요.

존 왕 거기까지.

　　　난 이제 유쾌할 수 있네. 휴버트, 난 자네를 사랑해.

　　　그래, 자네 일은 내 입으로 말하지 않겠네.

　　　명심하라구. 〔일리노어 대비에게〕 어머니, 안녕히 계세요.

　　　군대를 마마께 보내드리겠습니다.

일리노어 대비 나의 축복이 너와 함께 가기를.

존 왕 〔아서에게〕 잉글랜드로, 조카야, 가자.

　　　휴버트가 네 하인이다. 시중을 들어 줄 거야

　　　온갖 성심을 다하여.—칼레로 출발한다, 호!

일리노어 대비, 하인들의 시중을 받으며, 한쪽 문으로, 나머지는 다른 쪽 문으로 퇴장

3막 4장

앙제 옆 프랑스 진영

프랑스 왕 필립, 왕세자 루이, 추기경 팬돌프, 그리고 시종들 등장

필립 왕 그렇게, 밀물 위 격노하는 태풍에 의해,

불운한 전함의 함대 전체가

대열을 벗어나 뿔뿔이 흩어졌구나.

팬돌프 용기를 내고 기운을 차리시오. 어쨌든 모든 게 잘될 거요.

필립 왕 잘될 게 뭐 있겠소, 우리 쪽이 그리도 형편없었는데?

우린 패배한 게 아니오? 앙제는 적의 수중에 넘어가고,

아서는 포로로 잡히고, 여러 소중한 친구들이 살해당하고,

피비린 잉글랜드 왕이 잉글랜드로 간 거 아니오,

장애물을 극복하고, 프랑스임에도 불구하고?

왕세자 루이 그는 획득한 것을, 확고히 했어요.

그토록 불같은 속도에, 그토록 절제된 판단력,

그토록 격렬한 투쟁에 그토록 동요 없는 전열은,

전례가 없는 거였어요. 누가 읽거나 본 적이 있겠어요,

이와 유사한 전투 능력을?

필립 왕 잉글랜드 왕이 이런 칭찬을 듣는 걸 난 기꺼이 견딜 것이
다,

우리가 당한 수치의 전례를 찾을 수만 있다면.

〔광기 들린 콘스탄스, 머리를 귀밑까지 치렁치렁 늘어트린 상태로 등장〕

저기 오는 사람을 보라! 육체가 영혼한테 무덤이로다,

영원한 정신을 그녀 의사에 반하여

고통받는 숨의 사악한 감옥에 붙잡아 두는.—

부디, 부인, 저를 따라오십시오.

콘스탄스 아아, 이것이, 이것이 당신 평화의 결과요!

필립 왕 진정하세요, 착하신 부인. 기운을 내요, 친절한 콘스탄스.

콘스탄스 아니오, 난 온갖 충고, 온갖 위로를 거부하오,

온갖 충고를 끝내는, 진정한 위로 말고는.

죽음이여, 죽음이여, 오 상냥하고, 사랑스런 죽음이여!

그대 향그러운 악취, 썩지 않는 부패여!

영원한 밤의 침대에서 일어나라,

그대 자손들에게 증오이자 공포인 자여,

그러면 내가 입 맞추리 그대의 혐오스런 뼈에,

그리고 내 눈알을 끼어 넣으리, 그대의 텅 빈 이마에,

그리고 이 손가락에 그대의 식구인 구더기를 반지 삼아 두르리,

그리고 이 숨 틈으로 입 맞추리, 역겨운 먼지와,

그리고 그대처럼 시체 먹는 괴물이 되리.

와서 내게 이를 드러낸다면, 나는 그대가 미소 짓는다 생각하고,

그대의 아내처럼 그대와 입 맞추리라. 비참의 연인이여,

오, 내게로 오라!

필립 왕 오 아름다운, 고통받는 이여, 진정하시오!

콘스탄스 아니, 아니지, 난 진정 안 해, 울부짖을 숨이 있으니.

오, 내 혀가 번개의 입 속에 있다면!

그럼 격앙된 고함으로 내가 세계를 뒤흔들고,

잠에서 깨울 텐데, 그 흉포한 해골을,

그 해골은 여인의 약한 목소리를 듣지 못하누나,

한낱 평범한 청원이라고 무시하누나.

팬돌프 부인, 부인이 내뱉는 것은 광기요, 슬픔이 아니고요.

콘스탄스 날 그리 음해하다니 당신은 성직자가 아니군.

난 미치지 않았소. 내가 쥐어뜯는 이 머리칼은 내 거요,

내 이름은 콘스탄스요, 난 제프리의 아내요,

어린 아서가 내 아들이요, 그리고 그가 사라졌소.

난 미치지 않았어. 하나님께 바라건대 미쳤으면 좋겠어,

그러면 아마도 내가 내 자신을 망각하게 될 테니까.

오, 그럴 수만 있다면, 엄청난 슬픔을 난 잊을 수 있을 텐데!

무슨 인생관이라도 설교해서 날 미치게 해 주오,

그러면 당신은 성인 반열에 오르실 거요, 추기경.

왜냐면, 미치지 않았기에, 슬픔의 감정에 휘둘리기에

내 이성적인 부분은 논리적으로 따지게 되지,

어떻게 하면 이 고통에서 해방될 수 있을까,

그리고 나를 타이르게 돼, 칼로 찌르거나 목을 매어 자살하라고 말야.

내가 미쳤다면 내 아이를 잊어버릴 테지,

아니면 미친 듯 헝겊 인형을 그 아이라고 우기거나.

난 미치지 않았소. 너무 멀쩡해, 너무도 예민하게 느낀다구

재앙 각각의 뚜렷한 고통을.

필립 왕 숱 많고 치렁한 머리카락을 묶으시오. 오, 이런 내가 사랑

  을 보는가

  아름다운 그녀 머리카락의 무수함 속에서!

  그냥 우연히 은방울 하나가 떨어지면,

  그 방울에 만 가닥 친구들이

  엉겨 붙으며 슬픔을 나누는구나,

  진정한, 떼어 놓을 수 없는, 충실한 사랑으로,

  재앙으로 한데 뭉쳐.

콘스탄스 잉글랜드로 따라가겠소, 당신이 가겠다면.

필립 왕 머리를 묶으세요.

콘스탄스 그래요, 그럴 거예요. 그리고 왜 그럴 것이냐?

  난 머리칼을 흩트려 버리고 큰 소리로 이렇게 울부짖었어

  요.

  '오 이 손이 내 아들을 구해 낼 수 있다면,

  이 손이 머리칼을 해방시키듯 바로 그렇게!'

  하지만 이제 난 머리칼의 자유를 시기해요,

  그래서 머리칼을 다시 묶을 거예요,

  불쌍한 내 아들이 포로니까요.

    〔그녀가 자기 머리칼을 묶는다〕

  그리고 추기경 신부님, 언젠가 말씀하시기를

  우리가 천국에서 친구들을 알아보게 될 것이라 하셨지요.

  그게 사실이라면, 저는 제 아이를 다시 보게 될 겁니다.

  왜냐면 카인, 최초의 사내아이가 태어난 이래,

  바로 어제 첫 숨을 쉰 아이에 이르기까지,

그토록 우아한 피조물이 태어난 적은 없어요.

하지만 지금 슬픔의 암덩어리가 나의 꽃봉오리를 파먹고,

타고난 아름다움을 그 뺨에서 쫓아내고 있을 거예요.

그 애는 유령처럼 텅 빈 표정이겠죠,

열병 발작처럼 창백하고 야윈 상태로,

죽어 가겠죠. 그런 모습으로 다시 일어나,

내가 하늘의 법정에서 그 아이를 만나게 되면,

난 그를 알아보지 못하고요. 그러니 결코, 결코

난 내 어여쁜 아서를 다시 볼 수가 없는 거예요.

팬돌프 부인께서는 슬픔을 너무 가증스럽게 보시는군요.

콘스탄스 아들은 한 번도 가져 보지 못한 사람이나 할 소리 같군
요.

필립 왕 부인 아이 보듬듯 슬픔을 보듬고 사시는 게 아닐지.

콘스탄스 슬픔이 없어진 내 아이 자리를 채워 주는 걸요,

그 애 침대에 누워 있고, 나와 함께 거닐고,

어여쁜 그 애 표정을 짓고, 그 애 말을 반복하죠.

그의 온갖 우아한 자태를 내게 상기시켜 주고,

그가 없는 그의 옷을 그의 형상으로 채워 주고요.

그렇다면 내가 마땅히 슬픔을 좋아해야죠.

잘들 있으시오. 당신들이 나와 같은 상실을 겪었다면,

내가 당신들보다는 더 나은 위로를 해 줬을 거요.

〔그녀가 머리를 푼다〕

내 머리에 이런 모양은 가당치 않아,

정신이 이리도 혼란스러운 판에.

오 주여, 내 아이, 나의 아서, 아름다운 내 아들,

나의 생명, 나의 기쁨, 나의 양식, 나의 온 세상,

나의 과부-위로, 그리고 내 슬픔의 치료약! 〔퇴장〕

필립 왕 뭔 일 내겠군, 내가 따라가 봐야겠소.

  시종들의 시중을 받으며 퇴장

왕세자 루이 이 세상 그 어느 것도 내게 기쁨을 주지 못한다.

삶은 두 번 듣는 이야기처럼 지루하다,

졸린 사람의 멍한 귀를 귀찮게 하는 따위처럼.

쓰라린 치욕이 달콤한 세상의 입맛을 버려 놓아서,

세상이 치욕과 쓰라림 말고는 아무것도 내지 않는구나.

팬돌프 큰 병이 낫기 전에는,

심지어 회복과 건강의 순간에조차,

증세가 가장 심한 법입니다. 떠나는 악은,

떠나는 바로 그 순간 가장 악독해 보이죠.

오늘 패전으로 잃은 것이 무엇입니까?

왕세자 루이 온갖 나날의 영광, 기쁨, 그리고 행복을 잃었죠.

팬돌프 이겼다면, 분명 그런 걸 누렸겠지요.

아녜요. 아닙니다. 운명의 여신이 누군가에게 아주 잘해 주고 싶을 때는,

그녀가 무서운 눈으로 그를 쳐다보는 거예요.

이상한 생각처럼 들리겠지만 존 왕은 많은 걸 잃은 거예요

오늘 자신이 확연히 이겼다고 치부하는 이 일에서.

슬프지 않아요, 아서가 그의 포로인 것이?

왕세자 루이 존 왕이 그를 사로잡아 기쁠 바로 그만큼 진심으로 슬퍼요.

팬돌프 왕세자 마음은 피만큼이나 한참 젊으시군요.

　　　이제 예언자 정신으로 충만한 나의 말 들어 보세요.

　　　내가 하려는 말의 숨결만으로도

　　　각각의 얼룩, 각각의 지푸라기, 각각의 사소한 장애를 지워

버리고,

　　　당신의 발을 곧장 영국의 왕좌로 이끌

　　　길을 말끔히 닦을 테니까요. 그러니 잘 들으시라고요.

　　　존이 아서를 사로잡았고, 당연히

　　　따스한 생명이 그 아이 혈관에서 맥놀이 치는 동안,

　　　찬탈자 존은 한 시간도,

　　　일 분도, 아니, 한숨도 고요한 휴식을 누릴 수가 없겠지요.

　　　불법의 손으로 움켜쥔 왕홀은

　　　폭력으로 얻은 것인 바로 그만큼 폭력으로 유지될 밖에 없

구요.

　　　미끄러운 자리에 서 있는 자는

　　　아무리 나쁜 짓을 의지해서라도 서 있으려 기를 쓴다 이겁

니다.

　　　존이 서 있기 위해서는, 아서가 쓰러질 밖에 없는 거예요.

　　　그러라죠, 그럴 밖에 없으니.

왕세자 루이 하지만 어린 아서가 죽는다고 내게 득 될 것이 뭐가

　　　있지요?

팬돌프 왕세자께서는, 왕세자님의 아내 블랑슈 공주의 이름으로,

　　　아서가 했던 온갖 요구를 그때 할 수 있다 이겁니다.

왕세자 루이 그리고 잃는 거지, 목숨과 모든 것을, 아서가 그랬듯

　　　이.

팬돌프 정말 새파랗게 젊으시군, 이 늙은 세상을 너무 모르셔!

존의 계략은 왕세자께 이익이 되는 거예요. 시대가 왕세자
와 공모하는 셈이죠.

왜냐면 자신의 안전을 적통의 피에 담그는 자가

얻는 안전이란 피비리고 믿을 수 없을 밖에.

이 행동은, 그 동기가 워낙 사악하므로, 싸늘하게 만들 것이
오

그의 온 백성의 마음을, 그리고 그들의 열광적인 충성심을
얼어붙게 만들어.

아주 사소한 계기만 있어도 가슴에 품고 나서서

그의 통치를 저지하려 들게요.

자연적인 하늘의 화려한 출현과 덧없는 사라짐,

자연 현상, 폭풍우 치는 날,

일상적인 바람, 늘 벌어지는 사건이 벌어져도,

그들은 꼬치꼬치 그 자연적인 이유를 따져 묻고,

불길한 유성입네, 이변입네, 전조입네,

누가 괴물을 낳았네, 불길하다, 하늘의 말씀이다, 떠들어 대
면서

존을 탄핵하고 복수하자는 소리를 노골적으로 해 대게 되는
것이오.

왕세자 루이 그가 어린 아서의 목숨을 건드리지 않고,

가둬 두기만 해도 안전하다고 생각할지도 모르죠.

팬돌프 오 왕세자님, 당신이 진격해 온다는 것을 그가 듣게 되면,

설령 어린 아서가 아직 사라지지 않았더라도,

그 소식만으로도 그는 죽습니다. 그러고 나면 그의 온갖 백

성들의

  마음이 그에게 반항하고,

  익숙지 않은 변화의 입술에 입을 맞추고,

  반역과 분노의 강한 명분을 집어내는 거죠,

  존의 피 묻은 손가락이 저지른 짓으로부터.

  내 생각에 그 모든 동요가 이미 진행 중입니다,

  그리고 오, 왕세자를 위해 얼마나 더 좋은 일들이 벌어지고

있는지

  그건 제가 열거한 것 이상이에요! 사생아 팰컨브리지가

  지금 잉글랜드에 있는데, 교회를 약탈 중이거든,

  자선을 해치는 거지. 프랑스인 열 명 남짓만

  무장을 하고 그리로 가면, 그들이 유인 장치가 되어

  만 명의 잉글랜드인을 자기들 편으로 끌어들일 게요,

  달리 표현하면 자그만 눈덩이 하나가 굴러

  금방 태산으로 불어난다고 할까. 오 고결한 왕세자,

  나와 함께 왕께 가십시다. 정말 놀라운 일이

  빚어질 거요, 그들의 불만으로,

  지금 그들의 영혼은 불만으로 머리가 터질 지경이니까.

  잉글랜드를 향해, 진격! 내가 왕을 고무시키겠소.

왕세자 루이 강한 명분이 이상한 행동을 낳는군요. 가시죠.

  추기경께서 그러자 하시면, 왕께서는 못한다 안 하실 겁니
다.

      모두 퇴장

제4막

한 조각 죽은 이 왕자에게서,
이 모든 영역의 생명, 권리, 그리고 진실이
달아났다, 하늘로, 그리고 잉글랜드는 이제 남아
이전투구, 그리고 이빨로 물어뜯어 각자 한몫씩 챙기겠지,
당당하게 팽창하던 나라의 주인 없는 재산을 놓고.

4막 1장
잉글랜드 성 감옥

휴버트, 그리고 사형 집행인들 등장. 밧줄과 쇠를 들고 있다.

휴버트 이 쇠를 뜨겁게 달궈 주게, 그리고 자네들은 서 있어
　　　벽걸이 융단 뒤에. 내가 내 발로
　　　땅바닥의 가슴을 쿵쿵 대면, 달려 나와서
　　　소년을 묶어, 내가 곧 데려올 테니까
　　　재빨리 의자에다 말야. 조심하라구. 어서, 그리고 주위를 잘
　　　살피게.
사형 집행인 위임장을 갖고 오셨으니 별 문제가 없어야 할 텐데요.
휴버트 망설일 거 뭐 있나, 자네가 무슨 걱정이야. 시작하자구!

　　　　〔사형 집행인들이 벽걸이 융단 뒤로 물러난다〕

　　　청년, 나오세요, 의논드릴 게 있어요.

　　　　〔브리튼 공작 아서 등장〕

아서 안녕, 휴버트.
휴버트 안녕하세요, 꼬마 공자님.
아서 그렇게 작을 수가 없지, 호칭은 거창해서
　　　더 크지만, 그렇게 작을 수가 없어. 슬퍼 보이는구나.
휴버트 방금 전까지야 좀 더 명랑했었죠.

아서 불쌍한 건 나라구!

　　나 말고는 아무도 슬프지 않은 것 같아.

　　아니 생각난다. 내가 프랑스에 있을 때는,

　　젊은 신사들이 밤처럼 슬퍼하더군

　　오로지 그런 척하기 위해서 말이지. 내 믿음을 걸고 맹세하지만,

　　만일 내가 감옥을 벗어나 양이라도 키운다면

　　분명 하루 내내 기분이 유쾌할 거야.

　　여기서도 그러고는 싶지만, 아무래도

　　삼촌이 내게 더 나쁜 해악을 꾸미는 것 같아서.

　　삼촌은 내가 두렵고, 난 삼촌이 무섭지.

　　내가 제프리의 아들인 게 내 잘못이야?

　　아니지, 내 잘못이 아니라구, 하나님께 바라건대

　　내가 당신 아들이면 좋겠는걸, 그러면 당신이 날 사랑해 줄 테고, 휴버트.

휴버트 〔방백〕 내가 그에게 말을 걸면, 자신의 죄 없는 문답으로

　　그가 내 자비심을 일깨울 거야. 지금은 죽어 있는 그것을.

　　그러니 별안간에, 후다닥 해치워야겠다.

아서 어디 아픈 거야, 휴버트? 오늘따라 안색이 창백한데.

　　참으로, 난 당신이 조금 아팠으면 하는 바람이야.

　　그래야 밤새도록 곁을 지키고 간호를 해 주지.

　　장담컨대 당신이 날 사랑하는 것보다 내가 더 당신을 사랑해.

휴버트 〔방백〕 그의 말이 내 가슴을 사로잡는구나.

　　　　〔그가 아서에게 서류를 보여 준다〕

이걸 읽으시오, 어린 아서. 〔방백〕 이런, 바보 같은 눈물아,
　　　무자비한 고문을 문 밖으로 내칠 참이냐?
　　　짧게 끝내야겠어, 결심이
　　　내 눈에서 심약한 여자 눈물로 떨어지기 전에.
　　　〔아서에게〕 읽을지도 모르시오? 글씨체를 알아보기 힘들어
요?

아서　너무도 깨끗해서, 휴버트, 그토록 부정한 내용이 믿기질 않
아.
　　　당신이 정말 달군 쇠로 내 두 눈을 태워 버려야 한단 말인
가?

휴버트　소년, 그래야 해.

아서　당신은 그럴 참이고?

휴버트　그럴 참이고.

아서　당신은 가슴이 있는 사람인가? 당신이 두통만 앓아도
　　　내가 내 손수건을 당신 이마에 묶어 주었는데,
　　　내가 가진 제일 좋은 거였어—어떤 공주가 짜 준 거라구,
　　　내가 돌려달라고도 안 했고—
　　　그리고 한밤중에 내 손으로 이마를 짚어 주고,
　　　조심조심 시침을 따라붙는 분침처럼
　　　쉬지 않고 그 무거운 시간에게 기운 내라 격려하면서
　　　'뭐가 필요해요?' 그리고 '어디가 아파?'
　　　혹은 '뭘 해 주면 좋을까?' 그렇게 말해 주었는데.
　　　가난한 집 자식이라도 대개는 그냥 퍼져 누워서
　　　당신한테 사랑의 말을 해 주지 않았을 테지만,
　　　당신은 왕자의 간호를 받았다구.

아니야, 당신은 내 사랑이 약삭빠른 것이라 생각하고,
교활한 짓이라 했을지도 모르지. 그러시게, 그게 당신 뜻이
라면.
당신이 나한테 못되게 구는 것이 하나님 보시기에 좋다면,
어쩌겠나, 그렇게 해야지. 정말 내 눈을 멀게 할 거야,
전에도 또 앞으로도 결코
차마 당신을 향해 찌푸릴 염조차 내지 못할 이 두 눈을?

휴버트 그렇게 하기로 난 맹세했어,
그러니 달군 쇠로 두 눈을 뽑아야 해.

아서 아, 지금이 철의 시대니까 가능한 일이지.
쇠 스스로, 비록 빨갛게 달구어졌지만,
이 두 눈에 가까이 오면 내 눈물을 마시고,
그 불같은 분노를 끌 것이야
죄 없는 내가 흘리는 눈물만으로도.
아니지, 그 후에는, 녹슬어 해체되겠지,
단지 내 눈을 해치려는 불을 품었다는 이유만으로.
당신은 해머로 두들겨 댄 쇠보다 더 완고하고 단단한 거야?
혹시 천사가 내게 와서
휴버트가 내 눈을 꺼 버릴 거라고 얘기를 해 주어도
난 그 말을 안 믿었을 거야, 휴버트 말만 믿으니까.

　　　　휴버트가 발을 구른다.

휴버트 나오게들!
　　　〔사형 집행인들이 나온다〕
이른 대로 행하라.

아서 오, 날 구해 줘, 휴버트, 날 구해 줘! 내 눈은 튀어나왔어
　　이 피 묻은 사람들의 험상궂은 표정을 보는 것만으로도.
휴버트 〔사형 집행인들에게〕 그 쇠를 내게 줘, 명령이다. 그리고 그
　　를 여기에 묶으라.

　　　　　그가 쇠를 받아 든다.

아서 아아, 이렇게 거칠고 난폭하게 할 필요가 뭐 있어?
　　나 저항하지 않을게. 돌처럼 가만히 서 있을 거라구.
　　제발, 휴버트, 날 묶지 말라 그래.
　　아니, 내 말 좀 들어 봐, 휴버트! 이 사람들 좀 가라 그래,
　　그러면 내가 새끼양처럼 앉아 있을게.
　　꿈쩍도 않고, 움찔도 않고, 한마디도 안 할게,
　　쇠를 노려보지도 않고.
　　이 사람들만 좀 쫓아내 줘, 그러면 내가 당신을 용서할게,
　　나한테 무슨 고문을 가하든.
휴버트 〔사형 집행인들에게〕 뒤로 가 있게. 나 혼자 그와 얘기할 테
　　니까.
사형 집행인 이런 짓에서 물러날 수 있으니 나야 장땡이죠.

　　　　　사형 집행인들 퇴장

아서 아아, 그럼 내가 내 친구를 야단쳐 쫓은 셈이네!
　　그가 인상은 험악해도, 마음씨는 착한 사람이었구나.
　　그를 다시 불러 줘, 그의 동정심이
　　당신의 동정심을 되살아나게 할지 모르니까.
휴버트 자, 애야, 준비해야지.

아서 돌이킬 수는 없는가?

휴버트 없다. 네 눈을 잃는 게 유일한 해결책이야.

아서 오 맙소사, 당신 눈에 단지 미진 하나,

티끌 하나, 먼지 하나, 각다귀 한 마리, 떠다니는 머리칼 하나,

그 밖의 어떤 사소한 것 하나라도 들어간 적이 있었더라면,

그러면, 그 작은 것들이 얼마나 눈에 요란한 고통을 주는지 겪었으므로,

당신의 사악한 의도가 얼마나 무시무시한 건지 보였을 텐데.

휴버트 이게 아무 말 않겠다는 약속인가? 닥쳐라, 입 다물라구!

아서 휴버트, 혀 두 개를 놀려 말을 한데도

눈 두 개 살려 달라고 애원하는 데는 부족할 것 아냐.

입 다물라고 하지 마, 그러지 마, 휴버트.

아니면, 휴버트, 원한다면, 내 혀를 잘라도 좋아,

그렇게 해서 내가 두 눈을 유지할 수 있다면. 오, 내 눈은 살려 줘,

여전히 당신을 보는 것 말고는 아무 소용도 없지만.

저 보라구, 분명, 쇠가 식었어

걔도 날 해치기 싫은 거라구.

휴버트 다시 달구면 돼, 꼬마야.

아서 아니야, 참으로. 불은 슬퍼서 식은 거야,

안락을 주기 위해 창조된 불이, 이렇게

가당찮은 극한 고통에 사용되니까. 아니면 당신이 직접 보라구.

불타는 이 석탄은 아무 악의도 없어.

　　　하늘의 숨결이 불어 그 영혼을 꺼 버리고

　　　뉘우침의 재를 그 위에 뿌린 거야.

휴버트　하지만 내 숨결로 다시 살리면 된단다, 꼬마야.

아서　설령 당신이 그런다 해도, 당신은 그것이 새빨갛게

　　　뺨을 붉히게 만들 뿐이지, 당신 하는 짓이 창피해서 말야,

　　　휴버트.

　　　아니지, 그것이 아마도 당신 눈에 불티를 던질걸,

　　　그리고 어쩔 수 없이 싸워야 하는 개처럼,

　　　자신을 독려하는 주인한테 달겨들 거야.

　　　나를 해치기 위해 당신이 사용하고픈 온갖 물건들이,

　　　자신의 업무를 거부할 거야. 오로지 당신한테만 없는 거지

　　　그 자비심이, 격렬한 불과 쇠도 펼치는 그 자비심이,

　　　불과 쇠는 무자비한 일에 사용되기로 유명한 것이건만.

휴버트　좋아, 보면서 살거라. 난 네 눈을 건드리지 않겠다

　　　네 삼촌이 지닌 보물을 전부 준다 해도.

　　　하지만 난 맹세를 한 처지고, 정말, 애야,

　　　바로 이 쇠로 눈알을 태워 버리려 했단다.

아서　오, 이제야 당신이 휴버트처럼 보이는군요. 지금까지는 내
　　　내

　　　변장한 사람 같더니.

휴버트　그만, 더 이상은. 잘 가거라.

　　　네가 죽지 않았다는 것을 네 삼촌이 알아선 절대 안 돼.

　　　내가 그 끈질긴 염탐군들한테 거짓을 알려 주마.

　　　그리고, 어여쁜 아이, 두려워 말고 편안히 푹 자거라

휴버트는, 세상의 전 재산을 준다 해도,
　　　너를 해치지 않을 것이니.
아서　오 하나님! 고마워요, 휴버트.
휴버트　말하지 마, 더 이상. 은밀히 나를 따르거라.
　　　너 때문에 내가 커다란 위험에 처했으니.

　　　　모두 퇴장

4막 2장
잉글랜드 존 왕의 궁정

화려한 취주. 존 왕, 펨브루크 및 솔즈베리 백작, 그리고 다른 대신들 등장. 존 왕이 옥좌에 오른다.

존 왕 이 자리에 다시 한 번 짐이 앉는구려, 다시 한 번 대관식을 치르고,

날 쳐다보는 사람들이, 희망컨대, 즐거운 시선이고 말이오.

펨브루크 이 '다시 한 번'은, 폐하께서 하명하신 것이옵니다만,

남아도는 한 번이었습니다. 폐하께서는 전에 대관식을 치르셨고,

그 드높은 왕권은 결코 깃털을 뽑힌 적이 없지요,

백성들의 충성심이 반역으로 물든 적 또한 결코 없었고요.

새로운 왕에 대한 희망이 국토를 뒤흔든 적은 한 번도 없었어요,

어떤 변화의 갈망도 더 나은 정부 요구도 없었지요.

솔즈베리 그러므로 이중의 화려장관에 몰두하고,

그렇지 않아도 고귀한 칭호를 장식하고,

정련된 금에 금칠을 하고, 백합에 물감을 칠하고,

제비꽃에 향수를 뿌리고,

얼음을 매끄럽게 만들고, 혹은 색깔 또 하나를

무지개에 덧붙이고, 혹은 촛불로

하늘의 아름다운 눈동자를 꾸미려 한 셈이니,

소모적이고 우스꽝스러운 과잉이었다는 거죠.

펨브루크 폐하의 영이시라 따르기는 했습니다만,

이 행사는 새롭게 얘기된 옛 이야기 같고,

최근의 반복은 성가신 일이기도 했습니다.

때가 적당치 않은데 재촉을 하셨기 때문이죠.

솔즈베리 이 일로 하여 오래되고 친숙한

평이한 옛 관습의 얼굴이 몹시 훼손되고,

방향 바뀐 바람이 돛에게 그리하듯,

사고 과정의 방향을 바꾸고,

왕권의 정당성에 대한 심사숙고를 놀래키고,

건전한 견해를 병들게 하고, 진실을 의심받게 합니다,

너무나 비관습적으로 행동하는 탓에.

펨브루크 장인이 너무 잘하려고 애를 쓰다 보면

과욕 때문에 오히려 평소 솜씨도 못 내고 맙니다.

그리고 잘못에 대한 변명을 일삼다 보면

바로 그 변명 때문에 잘못이 악화하는 법,

약간 찢어진 데에 헝겊을 대서

숨기느라 오히려 더 흉해진 꼴이죠,

그렇게 헝겊을 대기 전보다 더 말입니다.

솔즈베리 이런 취지입니다. 폐하께서 새로 대관식을 치르시기 전
에

저희는 간언을 드렸습니다만 폐하께서는

그것을 기각하는 쪽을 택하셨고 저희는 모두 흔쾌히 따랐습

니다.

　　저희 바람의 전부와 각 부분 모두

　　폐하 하시고자 하는 바에 힘을 보태는 것이니까요.

존 왕　대관식을 이렇게 두 번 치러야 하는 몇 가지 근거를

　　나는 경들에게 교시한 바 있고, 그 근거는 강하오,

　　그리고 더욱 더 강해질 것이오, 경들과 공유하는

　　내 두려움이 적어질수록. 그건 그렇고 말씀하시오

　　고쳐야 할 좋지 않은 사항이 무엇인지,

　　그러면 잘 알게 될 것이오 얼마나 흔쾌히

　　내가 경들의 말을 경청하고 경들의 요청을 윤허할 것인지.

펨브루크　그러시다면 저는, 여기 모인 분들의 혀 노릇을 하며

　　그들의 온갖 마음의 의도를 대변하는 자로서,

　　저 자신과 그분들을 위하여, 그러나 무엇보다

　　폐하의 안전을 위하여, 그 안전을 위해 저 자신과 그분들이

　　최선의 노력을 경주하고 있는 바, 진심으로 요청드리는 것
은

　　아서의 석방입니다. 그의 감금은

　　참으로 투덜대는 불만의 입을 움직여

　　이런 위험한 논란을 촉발시킬 것이니까요.

　　폐하께서 무탈하게 지니신 것이, 정당한 권리로 지니신 것
이라면,

　　왜 그렇다면 폐하의 두려움이—두려움은, 사람들 말로, 따
라다니니까요

　　악행의 발걸음을—그 두려움이 폐하로 하여금 유폐시키게
한단 말인가,

폐하의 가녀린 친척을, 왜 그의 한창때를
야만적인 무지로 질식시키고, 마다하는가 그의 젊음에
훌륭한 교육의 풍성한 이점을?
시간의 적들이 이 논란을
반대의 빌미로 삼지 못하게 하려면, 폐하께서 청하라 명하신
소청의 내용은 그 점, 그의 석방이라 할 것입니다.
그것은 저희를 위한 소청이오나 그보다는
저희들의 안녕이 폐하께 달려 있고,
폐하의 안녕은 그의 자유로써 더 튼튼해질 것으로 사료되기
때문입니다.

　　　　휴버트 등장

존 왕　그리하시오. 그의 젊음을
　　　그대들 지도에 맡기는 바요.─휴버트, 무슨 일인가?

　　　　그가 휴버트를 옆으로 데려간다.

펨브루크　저자가 필히 피를 보고 말 위인이지.
　　　그가 위임장을 내 친구한테 내밀더라오.
　　　사악하고 흉악한 범죄상이
　　　눈에 새겨져 있어. 저 수상쩍은 행동거지는
　　　분명 가슴이 크게 불안하다는 건데,
　　　그러고 보니 이미 저질러졌군그래,
　　　그가 책임을 맡지나 않을까 우리가 그토록 걱정했던 일이.
솔즈베리　왕의 낯빛이 오락가락하는군

의도와 양심 사이를,

끔찍한 전투를 앞둔 두 진영 사이 전령들처럼.

그의 흥분이 너무 무르익어 터져 버릴 것 같은데.

펨브루크 그리고 그게 터지면, 그 결과는

상냥한 아이의 죽음이라는 더러운 고름 아닐까 두렵소.

존 왕 〔앞으로 나오며〕 우리는 멈추게 할 수 없도다, 필멸성의 강력

한 손을.

훌륭하신 경들, 비록 윤허하려는 나의 뜻은 살아 있으나,

그대들이 요구한 소청은 사라지고 죽었도다.

이 사람 말이 아서가 어젯밤 유명을 달리했다는구려.

솔즈베리 사실 저희도 그의 병이 회복불능 지경 아닐까 걱정되던

차였습니다.

펨브루크 사실 저희도 들은 바 있습니다, 그가 죽음에 얼마나 근

접한 상태인지,

그 아이 스스로 병색을 느끼기도 전에.

이 일은 누군가 책임을 져야 하겠죠, 지상에서든 하늘에서

든.

존 왕 왜 경들은 이리도 근엄하게 날 쏘아보시오?

내가 운명의 가위를 쥐고 있다고 경들은 생각하시는 거요?

내가 생명의 맥박을 좌지우지한단 말이오?

솔즈베리 이건 명백히 더러운 농간이고, 수치스러운 일이오

권력자가 권력을 이리도 추잡하고 뻔뻔스럽게 휘두르다니.

그러니 당신도 똑같이 당하기를. 그러하니, 난 가겠소.

펨브루크 잠깐만요, 솔즈베리 경. 나도 함께 가리다,

그리고 찾아보리다, 이 불쌍한 아이의 유산,

강제된 무덤의 작은 왕국을.

이 섬 전체의 면적을 소유했던 혈통이

그중 3피트만을 차지하다니. 나쁜 세상이로다.

이 일은 이렇게 두고 볼 수 없을 것이오. 전쟁이 발발하겠지

우리 모두를 슬프게 만들며. 그것도 머지않아서 말야, 기우

라면 좋겠지만.

　　　펨브루크, 솔즈베리, 그리고 다른 경들 퇴장

존 왕　대신들이 분노로 불타는구나. 후회가 된다.

피로 쌓아올린 토대가 튼튼할 리 없고,

남의 죽음으로 성취된 목숨이 확실할 리 없는 법.

　　　〔전령 등장〕

눈에 두려움이 가득하구나. 핏기는 어디 갔느냐

평소에 네 뺨에 보이더니?

그렇게 흐린 하늘이 폭풍우 없이 개이지는 않겠지,

네 날씨를 퍼부어 보아라. 프랑스에서는 모든 게 어떻게 돌

아가고 있느냐?

전령　프랑스에서 잉글랜드로 오고 있습니다. 한 번도 이 정도 세

력이

아무리 해외 군사 원정이라 해도

한 나라에서 소집된 적은 없었습니다.

폐하의 속도전 전범을 그들이 배웠습니다.

그들이 준비 중이라는 보고를 폐하가 들으실 시각에,

그들은 이미 도착했으니까요.

존 왕　오, 짐의 정보망은 어디서 술 처먹고 있었다더냐?

어디서 잠을 자고 있었다더냐? 우리 어머니 귀는 어디 있길
래

그 정도 규모의 군대가 프랑스에서 소집되는데도,

어머니가 듣지를 못하셨다더냐?

전령 폐하, 그분의 귀는

먼지로 막혔습니다. 4월 1일 돌아가셨습니다

폐하의 고결한 어머님은. 그리고 제가 듣기에, 폐하,

콘스탄스 부인은 광란으로

그 사흘 전 돌아가셨다고 합니다. 하지만 이것은 소문의 혀
를 통해

제가 대충 흘려들은 것입니다. 사실인지 아닌지는 제가 잘
모르고요.

존 왕 속도를 늦춰 다오, 두려운 사건이여.

오, 나와 동맹을 맺어 다오, 내가 달래어

내 귀족들의 불만을 풀어 줄 때까지. 뭣이라, 어머니께서 돌
아가셔?

그렇다면 프랑스의 내 재산이 너무도 위태하도다!—

누구이더냐, 네가 진실로 이곳에 상륙했다고 주장한

그 프랑스 군대를 이끄는 자가?

전령 왕세자입니다.

사생아와 폼프릿의 피터 등장

존 왕 머리가 지끈지끈 아프구나

네가 가져온 나쁜 소식을 들으니. [사생아에게] 그리고, 세상
은 뭐라던가

자네가 진행 중인 일에 대해? 소용없네, 내 머리를

더 이상의 나쁜 소식으로 채우려 해도, 이미 꽉 찼거든.

사생아 하지만 폐하께서 최악을 듣기가 겁나신다면,

할 수 없죠 그 최악이, 듣는 사람도 없이, 폐하 머리 위로 떨
어지게 할 밖에.

존 왕 좀 참아 주게, 조카, 내가 어안이 벙벙하거든

나쁜 소식의 바다 밑에서. 하지만 이제 한숨 돌리니

홍수 위에 뜬 기분이고, 들을 수 있어

누구든, 하고 싶은 말이 무엇이든.

사생아 제가 성직자들한테 어떻게 굴었는지는

제가 모은 금액이 말해 줄 것입니다.

그런데 육로를 따라 여행하면서 보니,

사람들이 이상한 생각에 들떠,

소문에 몰두하고, 바보 같은 꿈에 부풀고,

무엇을 두려워하는지 모르면서, 두려움으로 가득 차 있었습
니다.

그리고 이자는 예언자라는데 제가

폼프릿 거리에서 데려왔습니다.

수백 명이 이자를 줄줄 따라다니고,

그들한테 이자가 투박하고, 거친 운율로 노래를 불러 주는
데,

이번 예수 승천일 정오가 되기 전에

폐하께서 왕관을 내놓으시리라는 내용이더라구요.

존 왕 이 할 일 없는 몽상꾼, 왜 그런 짓을 하였느냐?

폼프릿의 피터 실제로 그리되리라는 걸 미리 알았기 때문이오.

존 왕 휴버트, 이놈을 끌고 가라! 옥에 가두어라,

그리고 그날, 정오에, 그의 말이 그때

내가 왕관을 내놓게 된다는 거였으니, 그자 목을 매달거라.

그를 간수한테 넘기고, 돌아오거라,

너를 써먹을 일이 있으니.

〔휴버트와 폼프릿의 피터 퇴장〕

오 나의 착한 조카,

바깥소식은 들었나, 누가 당도했는지?

사생아 프랑스군이죠, 폐하. 입 한가득 그 얘기더군요.

게다가, 비갓 경과 솔즈베리 경을 만났어요

눈이 갓 피운 불처럼 붉더라고요,

다른 사람들도 봤구요, 아서의

무덤을 찾는다더군요, 그들 말로는 그가 어젯밤 살해되었는데

폐하 지시였다는 거예요.

존 왕 친절한 친척, 가서

그들과 어울리게.

내게 그들의 사랑을 다시 되찾을 방도가 있어.

그들을 내게 데려오게.

사생아 찾아보겠습니다.

존 왕 아니, 서둘러야 해, 빨리 가 보는 게 좋겠네.

오, 내 신하를 적으로 두면 안 되지,

반대편 외국인이 내 도시들을 놀래키는 중이라구

강건한 침략의 두려운 위용으로!

머큐리께 빌어, 자네 뒤축에 깃털을 달아 주십사 하고,

생각처럼 빠르게 날아서 그들한테 갔다가 내게로 다시 오
게.

사생아 시대정신이 속도인, 급박한 상황 아니겠습니까. 〔퇴장〕

존 왕 말하는 게 영판 기세충천한 고결한 신사 아닌가!─

그를 따르거라, 아마도 그가 필요할 게야,

나와 귀족 사이 전령 역을 해 줄 사람이,

네가 그 역할을 하는 거야.

전령 성심을 다하겠습니다, 폐하. 〔퇴장〕

존 왕   어머니가 돌아가셨어!

휴버트 등장

휴버트 폐하, 사람들 말이 어젯밤 달이 다섯 개 보였답니다,

네 개는 고정된 상태고, 다섯 번째 달은 맴돌았다는군요,

달 네 개 주변을 놀라운 동작으로.

존 왕   다섯 개의 달?

휴버트 길거리 노인과 할멈들은

그걸 보고 위험한 예언을 해 대고 있어요.

모두 입만 열면 어린 아서의 죽음 이야기고,

그 얘기를 할 때면 그들이 고개를 흔들고,

서로 귓속말로 속삭입니다.

그리고 말하는 자는 듣는 자의 손목을 잡고,

듣는 자는 두려운 표정을 짓습니다,

이마를 찡그리고, 고개를 끄덕이고, 눈을 굴리는 등.

한 대장장이는 망치를 들고 서서, 이렇게요,

모루 위 쇠가 식는 것도 잊고,

입을 헤벌린 채 재단사가 전하는 소식을 집어삼키는 중이더라구요,

그 재단사는, 가위와 자를 손에 들고,

민첩하게 서두르다가 슬리퍼에

발을 잘못 집어넣은 상태로 서서,

수천의 용맹한 프랑스인이

켄트에서 전열을 정비했다고 얘기 중이었구요.

또 다른 야위고 씻지 않은 장인이

그의 얘기를 끊고는, 아서의 죽음에 대해 얘기하는 거예요.

존 왕 왜 자네는 이런 두려움들로 날 흘리려 하지?

왜 툭하면 어린 아서의 죽음을 상기시키는 게야?

그를 살해한 것은 자네 손이야. 나는 강력한 이유가 있었어,

그의 죽음을 바랄 만한, 하지만 자넨 그를 죽일 이유가 전혀

없었지.

휴버트 제가 없었습니까, 폐하? 아니, 폐하께서 절 채근하지 않으

셨어요?

존 왕 왕들이 받은 저주는 시중드는

노예들이란 게 주인의 그때그때 기분을 위임장 삼아

피비린 생명의 집을 가택 침입하려 들고,

권력이 눈만 꿈뻑여도

명령으로 간주해 버리고, 권력자가 눈살 찌푸리는 것이

곰곰 생각한 견해라기보다는 그냥 변덕이기 쉬운데도

위험한 권위의 의무를 안다고 치부하는 수준이라는 거지.

휴버트 여기 내가 한 짓에 대한 폐하의 서명과 인장이 있습니다.

그가 문서를 보여 준다.

존 왕   오, 마지막 계산이 하늘과 지상 사이
　　　　이뤄질 날에는, 이 서명과 인장이
　　　　우리에게 불리한 증언을 하여 지옥으로 보내겠구나!
　　　　얼마나 잦은가, 나쁜 짓을 할 수단이 보이면
　　　　나쁜 짓을 정말 하게 되는 경우가! 네가 내 곁에 없었다면,
　　　　자연의 손이 표시하고,
　　　　인용하고, 밑줄까지 그어 수치스런 행위자로 찍어 놓은 네
　　가 없었다면,
　　　　이 살인은 생각도 나지 않았을 것이야.
　　　　하지만 혐오스런 네 외모를 눈여겨보다가,
　　　　네가 피비린 악당 노릇에 걸맞고,
　　　　악행을 맡기기에 적당하고, 쉽사리 넘어올 것을 알고는,
　　　　내가 희미하게 아서의 죽음 얘기를 꺼내게 된 것이다.
　　　　너는, 왕의 총애를 받기 위하여,
　　　　양심은 아랑곳하지 않고 왕자 한 명을 죽인 것이고.
휴버트   폐하—
존 왕   내가 내 목표를 넌지시 비쳤을 때
　　　　네가 고개를 젓거나 주저하기만 했어도,
　　　　혹은 잘 모르겠다는 시선을 내게 주어
　　　　쉬운 말로 얘기하라고 내게 명하는 듯한 표정만 네가 지었
　　더라도,
　　　　심각한 수치심이 내 말문을 막고, 날 중단시켰을 것이고,
　　　　네 두려움 때문에 내 안에도 두려움이 일었을 것이다.

하지만 넌 나의 기미만 보고 날 이해했어,

그리고 다시 그 기미만으로 죄악과 협상을 한 거지.

그래, 멈추지 않고, 넌 네 마음으로 찬성했고,

곧바로 네 거친 손을 행동시켜서

너와 나 둘 다 명명키를 거부한 그 짓을 저지른 거야.

내 시야에서 사라져, 그리고 다시는 날 찾지 마라!

나의 귀족들이 날 떠났고, 나의 국가는 도전받고 있다,

나의 대문 앞에서조차, 외국 군대가 도전해 오고 있다.

아니, 이 살로 된 땅의 육체 안에서조차,

이 왕국, 이 피와 숨의 영역에서조차,

적대와 시민 동요가 지배하지

내 양심과 내 조카의 죽음 사이에서.

휴버트 폐하께서는 다른 적들을 겨냥하여 무장을 하소서,

폐하 영혼과 폐하 사이 평화 조약은 제가 맺어 드리죠.

어린 아서는 살아 있사옵니다. 나의 이 손은

아직 처녀이고 죄 없는 손으로,

자줏빛 핏방울 얼룩이 묻어 있지 않습니다.

이 가슴에 아직은 결코 한 번도 들어온 적이 없지요,

살인 생각의 끔찍한 충동이.

그리고 폐하께서는 나의 외모로 나의 성격을 중상모략 하셨

으나,

나의 외모는, 겉보기에 아무리 막돼먹었을망정,

감싸고 있어요 아직은 더 아름다운 마음씨를,

제 마음씨는 한 아이의 도살자가 되지는 못했거든요.

존 왕 아서가 살아 있다고? 오, 자네는 서둘러 귀족들한테로 가

게.

　가서 이 얘기를 그들의 불타는 분노에 집어던지고,

　자신들의 복종심을 스스로 따르라고 이르게.

　용서해 주게 나의 격정이 언급한

　자네 용모에 대한 내용을, 나의 분노가 눈에 뵈는 게 없었
고,

　더러운 상상의 피 묻은 두 눈은

　자네를 실제보다 더 가증스럽게 보았구나.

　오. 대답은 필요 없다, 나의 밀실로 데려오라

　화난 대신들을 가능한 최대로 서둘러서.

　내 재촉도 너무 느리도다, 그보다 더 빨리 가거라.

　　　따로따로 퇴장

4막 3장

성 밖

브리튼 공작 아서가 소년 선원 모습으로 등장

아서 성벽이 높구나. 그렇지만 난 뛰어내릴 거야.

착한 땅아, 날 불쌍히 여기어, 다치게 말아 다오.

날 아는 사람이 얼마 안 되거나 전혀 없나 봐. 날 아는 거라면,

이 꼬마 선원 변장에 감쪽같이 속아 넘어간 걸 테고.

겁나지만, 한번 해보는 거야.

팔 다리 안 부서지고 착지만 하면,

도망칠 방도는 천 가지나 될 거야.

죽어서 가는 게, 죽어서 머무는 것보다 못할 것도 없고.

〔그가 뛰어내린다〕

오 이런! 내 삼촌의 유령이 이 벽돌 속에 있었구나.

하늘이여 제 영혼을 받으시고, 잉글랜드여 내 뼈를 간직해 다오!

그가 죽는다.
펨브루크 및 솔즈베리 백작, 그리고 비갓 경 등장

솔즈베리 영주님들, 내가 세인트 에드먼즈베리에서 그를 만날 것

110 존 왕

이오.

　우리들의 안전이 달린 문제니, 우리는 포옹해야 하오

　이 위태한 시대의 친절한 제안을.

펨브루크 　추기경 편지를 갖고 온 자가 누굽니까?

솔즈베리 　멜륀 백작, 고결한 프랑스 영주요,

　그가 은밀히 나에게 왕세자의 사랑을 전해 주었소.

　편지 글귀 내용보다 훨씬 더 주요한 내용이었소.

비갓 　그렇다면 내일 아침 그를 만납시다.

솔즈베리 　아니면 그보다는, 그렇다면 당장 출발하는 게 낫겠소.

　이틀이나 가야, 영주님들, 우리가 만날 수 있으니까요.

　　　사생아 등장

사생아 　오늘 다시 한 번 잘 만났소, 기분 언짢으신 대신 분들.

　왕께서 저를 보내시어 여러분들을 당장 모셔 오라 하시었소.

솔즈베리 　왕은 스스로 우리를 저버렸소.

　우리는 그의 얄팍하고 얼룩 묻은 의복을 장식하지 않을 것

　이오

　우리의 명예로, 밟는 곳마다 핏자국을 남기는

　그 발에 시중들지도 않을 것이고.

　돌아가 이렇게 전하시오, 우리는 최악을 알고 있다고.

사생아 　무슨 생각을 하시든, 좋은 말로 표현하는 게 제일 좋죠.

솔즈베리 　예의가 아니라 슬픔이 지금 따지고 있는 중이오.

사생아 　하지만 여러분들이 슬퍼할 이유가 별로 없거든요.

　그러니, 이제 예의를 갖추는 게 따지는 이치에 맞지요.

펨브루크 　이보소, 이봐, 열 받는 것도 나름의 권리가 있어.

사생아 그 말은 맞지—열 받은 권리자를 해칠 권리, 다른 이가 아
니라.

솔즈베리 여기가 감옥인데.

〔그가 아서의 시신을 본다〕

누가 여기 누워 있는 거지?

펨브루크 오 죽음이여, 순결한 왕자의 아름다움으로 의기양양하
구나!

대지는 이 죄를 감출 구멍 하나 내주지 않았도다.

솔즈베리 살인이, 스스로 한 짓을 혐오하는 것처럼,

자신을 만방에 드러내 복수를 재촉하는도다!

비갓 아니면 그자가 이 아름다움을 죽여 놓고 보니,

너무 소중하고 왕자다운 모습이라 차마 묻지 못했을지도.

솔즈베리 〔사생아에게〕 리처드 경, 어떻게 생각하시나? 당신 눈으
로 보고 있잖아.

당신은 읽었거나 들은 적 있나, 혹은 생각해 본 적 있나,

혹은 거의 생각할 뻔했는가, 비록 당신 눈으로 보고 있지만,

당신 눈으로 보고 있는 이 짓을? 생각이, 이 시신이 없었다
면,

또 다른 이런 것을 생각해 낼 수 있겠나? 이것은 바로 맨 꼭
대기,

최고봉, 문장 꼭대기 장식, 혹은 꼭대기 장식의 꼭대기 장식
이야,

살인자 무기의. 이것은 가장 피비린 수치,

가장 난폭한 야만, 가장 사악한 일격이라구,

이제껏 눈이 이글대는 노여움 혹은 노려보는 분노가

부드러운 자비의 눈물에 저지른.

펨브루크 과거의 온갖 살인이 할 말이 생기겠군, 이것에 비하면,

　　　그리고 이것은, 너무도 유일무이하고 너무도 필적하기 어려
운지라,

　　　고결함과, 무죄를 선언하겠어,

　　　아직 저질러지지도 않은 미래의 범죄에,

　　　그리고 증언해 주겠는걸, 아주 치명적인 유혈도 장난에 불
과하다고,

　　　이 혐오스런 장면을 전례 삼아 말이야.

사생아 그것은 저주받고 피비린 작품이구려,

　　　억압적인 손의 불경스런 행동이고—

　　　어느 누구의 손이 저질렀다 해도.

솔즈베리 어느 누구의 손이 저질렀다 해도?

　　　우린 이 일을 어느 정도 예감하고 있었다.

　　　그것은 휴버트 손이 저지른 수치스런 작품이야,

　　　왕의 계략이고 목적이었지.

　　　그러므로 그에게 충성하는 것을 난 내 영혼한테 금하며,

　　　이 달콤한 생명의 폐허 앞에 무릎을 꿇고,

　　　불어 넣노라, 숨 없는 왕자마마께

　　　서약의, 신성한 서약의 향을,

　　　난 결코 세속의 즐거움을 맛보지 않을 것이다,

　　　난 결코 환락에 오염되지 않을 것이다,

　　　허튼 소리, 한담도 나누지 않겠다,

　　　복수의 명예를 쥐어 줌으로써

　　　이분 손에 영광을 새길 때까지는.

펨브루크와 비갓 우리의 영혼이 신앙을 걸고 당신 말을 확증할 것
    이오.

    휴버트 등장

휴버트 대신님들, 한참이나 서둘러 여러분들을 찾아다녔네요.
  아서는 살아 있어요. 왕께서 여러분들을 모셔 오라 하셨습
    니다.
솔즈베리 오, 이런 뻔뻔스러운 놈, 주검을 보고도 낯짝 하나 변하
    지 않는구나!―
  꺼져라, 이 가증스런 악당, 내 앞에서 사라져!
휴버트 난 악당이 아니오.
솔즈베리 꼭 법을 어겨야겠나?

    그가 자기 칼을 뽑아 든다.

사생아 써 본 적이 없어 날이 반짝반짝 하는군요, 경. 다시 칼집에
    집어넣으시죠.
솔즈베리 살인자의 살덩어리에 집어넣은 연후에 그리해도 늦지
    않을 터.
휴버트 (자기 칼을 뽑아 들며) 물러나시오, 솔즈베리 경, 물러나라니
    까!
  분명, 내 칼도 당신 칼 못지않게 날카로울걸.
  난 당신이, 경, 자제력을 잃게 만들기도 싫고,
  위험천만하게도 나하고 진검 승부를 감행하게 만들기도 싫
    소.
  내가 겁나니까, 당신의 분노에 응하면서, 까먹을까 봐,

당신의 가치, 당신의 높은 직위와 귀족 신분을 말이오.

비갓 꺼져라, 똥보다 더 더러운 놈! 네가 감히 귀족한테 엉겨?

휴버트 그럴 리가요. 그렇지만 난 감히 지킬 것이오

　　　나의 죄 없는 목숨을, 빼앗으려는 자가 황제일지라도.

솔즈베리 넌 살인자야.

휴버트 당신을 죽여 그 말 증명케 마시오,

　　　아직까지는 난 살인자가 아니오. 그렇게 말하는 혀는 그릇

　　되게 말하는 거요.

　　　정말이 아니라. 정말이 아니면, 거짓말이고.

펨브루크 저놈을 토막 내 버려라!

사생아 〔자기 칼을 뽑으며〕 진정하라구, 여보셔들.

솔즈베리 비키시오, 내 칼에 당신이 상처를 입을지도 모르오, 팰

　　컨브리지.

사생아 악마한테 상처 입히는 게 더 나을 것이다. 솔즈베리.

　　　네가 나한테 눈살만 찌푸려도, 혹은 한 발짝만 움직여도,

　　　혹은 급한 성질에 욱하여 내게 모욕을 주더라도,

　　　난 널 쳐 죽이겠어. 당장 칼을 치우라니까,

　　　아니면 내가 너와 너의 그 건배용 쇠작대기를 작살내서

　　　악마가 지옥에서 나왔나 싶게 만들어 주랴.

비갓 뭐하시는 거요, 저명한 팰컨브리지,

　　　악당에다 살인자를 두둔하시려는 게요?

휴버트 비갓 경, 난 그런 사람 아니오.

비갓 이 왕자분을 누가 죽였는데?

휴버트 그가 무사한 걸 보고 나온 게 한 시간도 되지 않았소.

　　　난 그를 공경했소, 그를 사랑했소, 그리고 울 거요

나의 남은 나날 동안 이 상냥한 생명의 손실 때문에.

솔즈베리 그의 두 눈의 간교한 눈물을 믿지 마시오,

악행은 이런 눈물을 동반하기도 하거든,

그리고 그는, 악행에 오래 종사했으니, 만들죠, 그것이 마치

뉘우침과 죄 없음의 강물인 것처럼 보이게 말요.

저랑 가십시다. 영혼 깊숙이

도살장의 불결한 악취를 혐오하는 분들은 모두,

난 이 범죄의 냄새 때문에 숨이 막힐 것 같으니까.

비갓 세인트 에드먼즈베리로 출발하죠, 거기서 왕세자를 만나고.

펨브루크 거기서, 왕한테 전하시게, 우릴 찾아보라구.

영주들〔펨브루크, 솔즈베리, 그리고 비갓〕 퇴장

사생아 이거 정말 볼만하군! 이 근사한 작품에 대해 자네 아는 거
있나?

아무리 한도 없고 끝도 없는 게

자비라 해도, 자네가 이 죽음의 행위를 했다면,

자넨 지옥행이야, 휴버트.

휴버트 제 말을 좀 들으시면, 나리.

사생아 하! 내가 자네한테 사태를 알려 주지.

자네는 깜깜절벽이야—아니 그보다 더 깜깜하지—

자네가 받은 저주는 악마 왕 루시퍼보다 더 깊지.

아직까지 자네만큼 추악한 지옥의 마귀는 없었을걸,

자네가 정말 이 아이를 죽였다면 말이야.

휴버트 제 영혼에 맹세코—

사생아 자네가 한 일이 설령

너무도 잔인한 이 짓에 대한 찬성 표시뿐이었다 하더라도,

자넨 절망으로 자살할 밖에 없지.

　　그리고 자네한테 밧줄이 없더라도, 가장 가는 줄

　　이제껏 거미가 자기 자궁에서 뽑아 낸 가장 가느다란 거미

줄로도

　　자네 목을 맬 수 있어. 갈대 정도면 목을 매달

　　들보가 될 거고. 혹은 물에 빠져 죽고 싶으면,

　　숟갈에 물 약간만 넣으면

　　그것으로, 온갖 대양이 그렇듯,

　　충분하지 이 정도 악당을 질식시키는 데는.

　　자네 아주 지독하게 말려든 것 같은데.

휴버트　만일 제가 행동으로, 찬성 표시로, 혹은 생각의 죄로

　　이 아름다운 진흙 속에 담겼던

　　그 상냥한 숨결을 훔쳐 내는 짓에 가담했다면,

　　지옥의 고통도 절 고문하는 데 충분치 않게 하십시오,

　　내가 올 때는 그가 무사했습니다.

사생아　가서 그를 두 팔에 안게.

　　내가 당황한 모양이군, 내 생각에, 그리고 길을 잃은 것 같

아

　　험한 세상의 가시밭 한가운데서.

　　　　　〔휴버트가 아서를 양팔에 안는다〕

　　자넨 잉글랜드 전체를 너무도 가뿐히 들어 올리는군!

　　한 조각 죽은 이 왕자에게서,

　　이 모든 영역의 생명, 권리, 그리고 진실이

　　달아났다, 하늘로, 그리고 잉글랜드는 이제 남아

이전투구, 그리고 이빨로 물어뜯어 각자 한몫씩 챙기겠지,
당당하게 팽창하던 나라의 주인 없는 재산을 놓고.
이제 모두 뜯기고 뼈만 남은 왕권을 놓고
지독한 개처럼 전쟁이 성난 갈기털을 곤두세우고,
평화의 부드러운 눈빛에 대고 으르렁거린다.
이제 집을 떠나온 세력과 집안의 불만이
하나의 대열을 이루고. 어마어마한 혼란은 기다리고 있다,
병든 짐승을 바라보는 까마귀처럼,
아이 손목을 비틀고 빼앗은 화려장관의 임박한 몰락을.
지금 행복하지, 자기 의복과 혁대로
이 폭풍우를 버텨 낼 수 있는 자는. 그 아이를 치워라,
그리고 신속하게 날 따르라. 왕에게 가겠다.
긴박한 행동을 요하는 사안이 천 개나 되고,
하늘 그 자체가 이 땅에 눈살을 찌푸리고 있느니.

따로따로 퇴장

제5막

오, 우리 오로지 필요한 슬픔만 시간에게 지불합시다,
시간은 이미 사전에 우리의 슬픔과 함께했으니까요,
우리 잉글랜드는 전에도, 그리고 앞으로도 결코,
정복자의 오만한 발 아래 짓밟히지 않을 것이오
잉글랜드가 먼저 자해의 빌미를 갖지 않는 한.

5막 1장
존의 궁정

화려한 취주. 존 왕과 팬돌프 추기경, 수행원들과 함께 등장

존 왕 〔팬돌프에게 왕관을 주면서〕 이렇게 나는 그대 손에 내드리오
　　　내 영광의 동그라미를.
팬돌프 〔왕관을 다시 주면서〕 다시 가져가시오
　　　내 손에서, 교황한테 임대한 토지로서,
　　　그대의 군주 직위와 권위를.
존 왕 이제 그대의 신성한 약속을 지켜 주시오. 가서 프랑스인들
　　　을 만나,
　　　교황께서 위임해 주신 그대의 온갖 권한을 동원,
　　　그들의 진군을 막아 주시오, 이곳이 불바다가 되기 전에.
　　　불만을 품은 우리 영주들이 반란을 일으키고,
　　　우리 백성들은 복종과 다투고,
　　　맹세하고 있어요, 충성과 영혼의 사랑을
　　　외국 혈통, 외국 왕에게.
　　　이렇게 범람하는 성난 불평불만을
　　　진정시킬 수 있는 것은 오직 그대뿐이오.

그러니 지체 마시오, 지금 상황이 너무도 심각하여

지금의 처방이 필요하니까요.

아니면 돌이킬 수 없는 전복 사태가 발생할 것이오.

팬돌프 이 폭풍우를 일으킨 건 내 입김이었소,

그대가 교황을 함부로 대한 까닭에.

하지만 이제 그대는 마음씨 착한 개종자이시니,

내 혀가 다시 이 전쟁의 천둥 비를 잠잠하게 하고

거센 파도 몰아치는 그대 땅을 맑게 개이게 할 것이오.

오늘 예수 승천일에, 잘 기억해 두시오.

교황께 복무한다는 그대 선서에 의거,

나는 가오, 프랑스인들로 하여금 무기를 내려놓게 하기 위

해서.

존 왕만 남고 모두 퇴장

존 왕 오늘이 예수 승천일? 그 예언자가

말하지 않았나, 예수 승천일 정오가 되기 전에

내 왕관을 내가 내놓게 될 거라구? 정말 내가 그랬군.

난 강제로 그리된다는 뜻인 줄 알았어,

하지만, 하늘에 감사, 단지 자발적으로 그런다는 얘기였군.

사생아 등장

사생아 켄트 주 전체가 항복했습니다. 버티는 곳은

도버 성 딱 한 군데예요. 런던은 맞이었어요,

친절한 손님 접대 주인처럼, 왕세자와 그의 군대를.

폐하의 귀족들은 폐하 말씀을 들으려도 하지 않고, 그냥 떠

나

　　폐하의 적한테 복무하고 있고요.

　　그리고 난폭한 경악이 우왕좌왕하게 합니다,

　　폐하의 얼마 안 되는, 두려움에 떠는 친구들을.

존 왕　나의 대신들이 내게로 다시 돌아오지 않을까,

　　아서가 살아 있다는 얘기를 듣고 나면?

사생아　그가 죽어 거리에 버려진 것을 그들이 발견했습니다,

　　텅 빈 보석함이었죠, 생명의 보석을

　　저주받은 어떤 손이 훔쳐 갔으니까요.

존 왕　그 나쁜 놈 휴버트가 그 아이는 살아 있다고 내게 말했는데.

사생아　살아 있었던 것 같아요, 분명, 그가 아는 한에는.

　　근데 왜 의기소침하신 거죠? 왜 슬픈 표정을?

　　생각이 그런 만큼 행동도 당당하셔야죠.

　　세상이 보면 안 되죠, 두려움과 서글픈 회의가

　　제왕의 눈동자 동작을 지배하는 꼴을.

　　세상이 요구하는 만큼 원기왕성하게 나가세요, 불에 맞서

불이 되고,

　　위협하는 자를 위협하고, 계속 노려보아야죠

　　허풍 떠는 공포의 눈썹을. 그래야 못난 자들의 두 눈이,

　　잘난 자들을 따라하는 것이 못난 자들이므로,

　　폐하를 전범 삼아 담대해지고, 취하는 거죠

　　꿋꿋한 결의의 정신을.

　　아스세요, 그리고 반짝이세요, 전쟁의 신이

　　전장을 바야흐로 장식하려 할 때처럼.

　　용맹과 치솟는 자신감을 보이세요.

아니, 그들이 사자를 사자굴에서 찾고

거기서 놀래키고, 거기서 오들오들 떨게 하고 그러라는 건

가요?

오, 그건 말도 안 되죠! 먹이를 찾아 어슬렁대고, 달려가

맞서야죠, 비위를 거스르는 것들과, 문에서 떨어진 곳에서,

그리고 그 정도로 가까이 오기 전에 그것과 드잡이를 하는

거예요.

존 왕 교황 특사가 이리 들렀는데,

내가 그와 행복한 평화 협정을 맺었고,

그가 약속했어, 군대를 해산시키겠다고,

왕세자가 이끄는 군대 말일세.

사생아 오 불명예스러운 동맹입니다!

우리가, 우리 자신의 땅을 거점으로 하고도,

공평한 조건을 내걸고, 타협을,

환심 사는 제안을, 회담을, 그리고 비굴한 휴전을 해야 합니

까,

침략한 군대와? 수염도 안 난 소년,

멋이나 부리는 응석받이 어린아이가, 우리 땅을 감히 헤집

고,

유혈을 보겠다며 자청해서 나서고,

공중을 되는 대로 펼친 깃발들로 조롱하는데,

그냥 두어야 한단 말이세요? 우리, 폐하, 무기를 듭시다!

아마도 추기경은 폐하의 평화 조약을 맺지 못할 거예요,

아니 혹시 그가 조약을 맺더라도, 최소한 그들이 알게는 해

야죠,

우리가 방어할 생각이라는 것을.

존 왕 그대에게 오늘의 지휘권을 맡기겠다.

사생아 가시죠, 그럼, 용기를 한껏 내시고! 〔방백〕 하지만 나도 알
　　지,

　　　우리 편이 만나는 적은 당연히 보무가 더 당당할 거야.

　　　　모두 퇴장

5막 2장

세인트 에드먼즈베리

✝

무장 행군 중인 왕세자 루이, 솔즈베리 백작, 멜륀 백작, 펨브루크
백작, 비갓 경, 병사들과 함께 등장

왕세자 루이 나의 멜륀 경, 이 문서 필사본을 만들고,

우리의 기념으로 잘 간직하세요.

그전 것은 여기 계신 경들에게 돌려드리고요,

그 문서에 우리의 정당한 조정안이 쓰여 있는데,

그분들과 우리 모두 그 문안을 꼼꼼히 살펴보았으니,

알 것이오, 우리가 미사를 치르고

우리의 믿음을 확고한 신성불가침으로 규정한 이유를.

솔즈베리 저희 쪽에서는 결코 그것을 깨지 않을 것입니다.

그리고, 고결한 왕세자, 비록 우리가

자발적인 참여와 마음에서 우러난 충성을

왕세자 편에 맹세했지만, 진실로 말하건대, 왕세자,

난 달갑지 않소, 이런 시간의 종기 하나가

경멸스런 반란으로 붕대를 찾고,

상처 하나의 고질적인 감염을 치료하느라

많은 상처를 자아내는 일이. 오, 내 영혼은 몹시 슬퍼요,

내가 이 칼을 허리춤에서 뽑아 들고

과부 생산자가 되어야 한다는 현실이. 오, 더군다나 그곳,
명예로운 구조와 방어가
솔즈베리의 이름을 외쳐 부르는 곳에서!
그러나 시대의 전염이 이리 심하니,
우리 권리의 건강과 치료를 위해,
우리는 바로 그 손,
불의와 혼란스런 악행의 손을 들어 올릴 밖에 없는 것.
그러니 처참하지 않은가, 오 슬픔에 잠긴 나의 친구들,
이 섬의 아들과 자식들인 우리가
태어나 두 눈으로 이런 시간을 보아야 한다는 것이,
이방인을 따라 걸으며, 행군으로
이 섬의 부드러운 가슴을 짓밟고, 그녀의 적들의
대열을 채워야 하는데? 나는 물러나 울어야겠소
이 강제된 명분의 얼룩에 대하여—
먼 나라 지배층에게 영광을 바치고,
내가 여기서 낯선 깃발을 따라가고 있다는 것.
뭐라, 여기서? 오 나라여, 그대가 딴 데로 옮겨 갈 수 있다
면,
　　그대를 감싸 안고 있는 넵튠의 양팔이
　　그대를 그대 자신의 의식에서 떼어 내어
　　이교도 해변에 갖다 붙였으면,
　　그곳에서는 이 두 기독교 군대가
　　악감정의 피를 동맹의 혈관 속으로 결합할 수 있을 텐데,
　　그토록 이웃답지 않게 서로 피 흘리지 않을 수도 있을 테고.
왕세자 루이 오 참으로 고결한 성품을 보여 주는 말씀이셨소,

그리고 엄청난 애국심이, 그대 가슴 속에서 맞붙어 싸우며,
고결한 성품으로 지진을 일으키시는군요.
오, 얼마나 고결한 전투를 그대는 치렀는가,
불가피함과 용감한 애국심 사이에서!
은빛으로 그대 뺨을 흘러내리는
이 명예로운 이슬을 내 닦아 주게 해 주시오.
내 마음은 녹아 버렸소, 한낱 아녀자의 눈물에,
그것이 늘 있는 범람이었건만.
하지만 이토록 많은 눈물의 이 같은 발산,
영혼의 폭풍우가 쏟아붓는 이 소나기는,
내 눈을 놀래키고, 더 아연실색케 합니다,
하늘의 둥근 꼭대기가
불타는 유성들로 온통 꽉 찬 것을 보았을 경우보다 더.
고개를 드시오, 저명하신 솔즈베리,
그리고 위대한 가슴으로 이 천둥 비를 들어 올려 버리시오.
이 눈물은 분노한 어른 세계를 겪어 본 적이 한 번도 없는,
따스한 피, 따스한 기쁨, 따스한 환담으로 가득 찬
축제 때 말고는 운명의 신을 만난 적이 또한 한 번도 없는
젖먹이나 흘리게 하시오.
자, 어서요, 왜냐면 그대는 그대의 손을
부유한 번영의 지갑 속에
루이만큼 깊숙이 찔러 넣게 될 테니까. 마찬가지요, 귀족 분
들, 그대들도
그대의 근육을 나의 힘에 보태는 분들은 모두.

〔나팔 소리〕

그리고 바로 지금 천사의 말씀이 들린 것 같소!

[팬돌프 추기경 등장]

저기 신성한 특사께서 바삐 오시는군요,

하늘의 손이 내리신 권한을 우리에게 전달하고,

우리의 행동에 정의의 명분을

거룩한 숨결로 새겨 주기 위하여.

팬돌프 만수무강하소서, 고결한 프랑스 왕자님!

그다음 내가 할 말은 이렇소. 존 왕이 스스로 화해를 청했소

로마에게. 그의 영혼이 복종했소,

그리 완강하게 우리의 신성한 교회,

위대한 기독교 수도 로마에 맞서 오더니 말입니다.

그러니 마마의 위협적인 깃발들을 이제 치우시고,

광포한 전쟁의 야만적인 정신을 순치하시어,

사람의 손으로 기른 사자처럼

평화의 발치에 얌전히 앉아,

그 위험이 동물원보다 더 높지 않게 하소서.

왕세자 루이 특사께 죄송하지만, 난 돌아가지 않겠소.

나처럼 지체 높은 사람이 꼭두각시처럼

통제에 종속되거나,

쓸모 있는 하인이자 도구일 수는 없는 법,

세계 대국이라도 내게 그리할 수는 없소.

그대의 입김이 먼저 다시 불붙였소 전쟁의 꺼진 석탄에,

그래서 이 벌받는 나라와 내가 싸우게 되었고,

그대는 이 불길을 키울 연료까지 제공했소.

이제 그것은 너무나 거대하게 번져 끌 수가 없소

처음 그것을 일으켰던 그 약한 바람으로는.

그대가 내게 가르쳐 주었소, 정의의 얼굴을 알아보는 법을,

이 나라에 대한 나의 권리를 알려 주었소.

그래요, 그대가 이 원정을 내 마음에 부추긴 거요.

그런데 이제 와서 제게 하시는 말씀은 존이

로마와 평화 조약을 맺었다? 존의 평화가 제게 뭔데요?

나는, 내 결혼 침대의 명예를 걸고,

어린 아서 이후, 이 나라가 내 것이라 요구하는 바이오.

그리고 지금 이 나라의 절반을 정복했는데, 내가 돌아가야

하오

저 존이라는 자가 로마와 평화 조약을 맺었다는 이유로?

내가 로마의 노예요? 로마가 한 푼을 보탠 적 있소,

무슨 병력을 제공했고, 무슨 화약을 보냈소

이 원정을 지원하기 위해? 나 아니오,

이 모든 비용을 부담한 것이? 나 아니고 누가,

내 권리에 비추어 마땅하기도 하거니와,

이 일에 땀을 흘리고 전쟁 비용을 댔다는 거요?

내 귀가 잘못 들은 거요 이 섬나라 백성들이 크게

'프랑스 왕 만세'라고 외치며 강둑을 따라 입성하는 나를 맞

았던 것은?

그게 판돈이었다면 난 이제 가장 좋은 패를 쥐고 뛰어든 셈

아니오.

이 손쉬운 왕관 내기 시합에?

그런데 이제 나더러 이미 이긴 판을 엎으라고요?

아니, 아니죠, 내 영혼을 걸고, 그런 말씀 하시면 안 되죠.

팬돌프 마마께서는 이 사태의 외면만 보고 계시는 겁니다.

왕세자 루이 외면이고 내면이고, 난 돌아가지 않겠소

　　　내가 벌인 원정의 영광이,

　　　이 용감한 군대를 모으기 전

　　　나의 풍성한 희망이 내게 약속했던 그 수준에 달할 때까지
는,

　　　내가 이 불타는 정신들을 세계에서 모은 것은

　　　정복을 달성하고 명망을 얻기 위해서였소

　　　위험과 죽음의 턱 안에 있을지라도.

　　　〔나팔 소리〕

　　　이 우렁찬 나팔 소리는 뭐냐?

　　　　사생아 등장

사생아 세속의 신사도에 따라,

　　　내 말을 들어 주시오, 말씀을 전하러 왔소.

　　　밀라노에서 오신 성직자 나리, 왕께서 나를 보내

　　　알아 오라 하셨소, 나리가 주선하시겠다고 한 협상이 어찌
되었는지,

　　　그리고 나리가 어떻게 대답하느냐에 따라 내가 드릴 말씀의
내용과

　　　권한이 달라질 것이오.

팬돌프 왕세자께서 너무도 완강하게 전의를 고집하고,

　　　내 간청에는 귀를 열지 않으시오.

　　　단호히 말씀하시는바 무기를 내려놓지 않겠답니다.

사생아 분노가 이제까지 내뿜은 그 온갖 피를 두고 말하건대,

그 청년 말 한번 잘했군. 이제 우리 잉글랜드 왕의 말을 들
으라,

내 말은 왕의 말씀이로다.

그분은 싸울 준비가 되었다. 싸워야 하니까 말이다.

이 원숭이 같고 버르장머리 없는 침략을,

이 갑옷 입은 가장행렬과 철부지들의 술 취한 흥청망청을,

이 수염도 안 난 시건방과 소년병 부대를,

왕께서 참으로 비웃으시는도다. 그리고 얼마든지 오너라

이런 오그라진 전쟁을, 이런 난쟁이 군대에 회초리를 안겨,

왕의 영토 밖으로 내쫓아 주리라.

너희 집 문간에서도 강력하게

너희를 곤봉으로 때리고 황급히 퇴각시켰던 그 손,

너희를 숨겨진 우물 속 두레박처럼 잠수케 하고,

마구간 널빤지 짐승 깔짚에 웅크리게 하고,

저당 잡힌 물건처럼 상자와 가방 속에 숨게 하고,

돼지와 동침케 하고, 달콤한 안전을

지하실과 감옥에서 찾게 하고, 그리고 덜덜덜 떨며

듣자니 너희 나라 까마귀 울음소리라.

그걸 무장한 잉글랜드인으로 착각케 한 그 손,

그 승리의 손이 설마 이 땅에서 연약해졌으랴

너희 자신의 집안에서 너희를 혼내 준 그 손이?

아니다! 너희는 알라 그 용감한 군주가 무장을 갖추고,

독수리처럼 자신의 높은 둥지 위로 치솟아

둥지 근처로 기어온 성가신 것들을 내리덮칠 참이다.

〔잉글랜드 영주들에게〕

그리고 너희 이 타락한 놈들, 이런 배은망덕한 반도들,

피에 굶주린 네로들, 너희는 소중한 너희 어머니

잉글랜드의 자궁을 찢어 열고 있으니, 부끄러운 줄 알지어
다.

너희의 아내들과 얼굴 새하얀 딸들이

아마존 여전사들처럼 북소리 따라 오고 있느니

그들의 골무는 쇠장갑으로 변했고,

그들의 바늘이 창으로, 그들의 부드러운 마음씨는

맹렬하고 피비린 기질로 변하였느니.

왕세자 루이 선전포고는 그쯤 하고, 조용히 돌아가시게.

꾸짖는 거 하나는 우리보다 낫군. 잘 가시게,

우리는 시간을 너무 소중하게 여기므로 허비할 수가 없네

이 따위 말씨름으로.

팬돌프 내게 발언 기회를 허락해 주시오.

사생아 아니, 내가 말하겠다.

왕세자 루이 두 사람 다 듣지 않겠소.―

북을 울려라, 그리고 전쟁의 혀가

우리의 권리와 우리의 여기 있음을 변호케 하라.

사생아 정말 네 북은, 두들겨 맞았으니, 비명을 지를 게다.

그리고 너도, 두들겨 맞을 테니, 그럴 게야. 네가 시작만 해
봐

메아리를 울려 보라구 네 북의 고함 소리로,

그러면 그 가까이, 맞을 준비가 된 북을 한바탕 두들길 텐데

그 소리가 네 북소리만큼이나 클 게야.

한 번 더 북을 치면, 또 다른 북이

네 북만큼이나 시끄럽게 하늘의 귀에 대고 지껄이는데,
목구멍 깊은 천둥소리는 저리 가라겠지. 왜냐면 가까이,
여기 이 우왕좌왕 특사 분이 미덥지 않으신 고로,
이분은 그분 장난감이었지 필수품이 아니었던 고로,
용맹한 존 왕이 와 계시거든. 그리고 그분 이마에 앉은 건
뼈만 남은 죽음, 그의 오늘 할 일은
프랑스인 수천 명을 통째로 포식하는 것이란다.
왕세자 루이 북을 울려 이 위험 요소를 찾아내라.
사생아 안 그래도 보게 될걸, 왕세자, 내가 보증하지.

북소리. 사생아가 한쪽 문으로, 나머지 모두는, 행군하며, 다른 쪽
문으로 퇴장

5막 3장
전장

✟

전투 경보. 한쪽 문에서 존 왕, 다른 쪽 문에서 휴버트 등장

존 왕 어떻게 되어 가나? 오, 말해 보게, 휴버트.
휴버트 안 좋은 거 같은데요. 폐하는 괜찮으십니까?
존 왕 이 열병이 날 오래 괴롭히더니
　　　아예 무겁게 날 짓누르네. 오, 마음이 병들었으니!

　　　전령 등장

전령 폐하, 폐하의 용감한 친척분 팰컨브리지께서
　　　폐하를 전장에서 떠나시게 하라시고,
　　　어느 길로 가실 것인지 저를 통해 전해 달라 하셨습니다.
존 왕 스와인즈헤드로 간다 일러라, 그곳 수도원으로 간다고.
전령 용기백배하십시오, 대규모 증원군이
　　　이리로 올 것을 프랑스 왕세자가 기대했으나
　　　배들이 난파했다고 합니다 사흘 전 굿윈 샌즈에서.
　　　이 소식을 리처드 님께서 접수하셨고, 지금은
　　　사기가 떨어진 프랑스인들이 후퇴 중일 것이옵니다.
존 왕 아 이런, 이 폭군 열병이 날 아예 태워 버릴 작정인가,

이 기쁜 소식 환영할 겨를도 주지를 않는구나.
스와인즈헤드로 간다. 간이침대로 날 당장 데려가 다오.
전신이 허약하고, 난 기절 직전이다.

모두 퇴장

5막 4장

장면 계속

✝

전투 경보. 솔즈베리 및 펨브루크 백작, 그리고 비갓 경 등장

솔즈베리 왕의 친구들이 그렇게 대단할 줄이야.

펨브루크 다시 한 번 일어섭시다, 프랑스인들에게 용기를 불어넣어야죠.

그들이 실패하면, 우리 또한 실패요.

솔즈베리 애비가 누군지도 헷갈리는 그 악마 팰컨브리지가,

모든 것에도 불구하고, 홀로 전투를 좌지우지하고 있소.

펨브루크 존 왕은, 병세가 심해져, 전장을 떠났다고 하더이다.

부상당한 멜뢴 백작, 한 병사의 부축을 받으며 등장

멜뢴 날 저 잉글랜드 반역자들에게 데려다 주게.

솔즈베리 우리가 행복했을 때는, 다른 이름으로 불렸는데.

펨브루크 멜뢴 백작 아니오.

솔즈베리 치명상을 입었어.

멜뢴 달아나시오, 고결한 영국인들, 그대들은 배신당했소.

조잡한 반란의 바늘에서 실을 풀고

다시 집으로 맞아들이오, 폐기했던 신뢰를.

존 왕을 찾아가 그의 발 앞에 엎드리란 말이오,

왜냐면 프랑스가 오늘의 이 요란한 전투를 승리로 이끌 경우

당신들의 노고에 대한 루이의 보답은

당신들의 목을 자르는 거요. 그렇게 그가 맹세했고,

나도 그와 더불어, 그리고 숱한 사람들이 나와 더불어 맹세했소,

세인트 에드먼즈베리의 제단 위에서,

지극한 우애와 영원한 사랑을

우리가 당신들한테 맹세했던 바로 그 제단 위에서 말이오.

솔즈베리 이럴 수가? 그 말 사실이오?

멜룀 안 보이시오 내 시야에 보이는 무시무시한 죽음이,

피 흘려 없어질 양 밖에

남지 않은 생명이, 불에 녹아 형체를 잃는

밀랍 조형물 같은 이 꼴이?

도대체 무슨 이유로 내가 지금 당신들을 속이겠소,

온갖 기만이 다 소용없게 된 마당에?

왜 내가 거짓을 말하겠소, 사실인즉슨,

내가 이 자리에서 죽을 마당에, 그리고 차후에는 진리로써 살아야 할 마당에?

내 다시 말하리다, 루이가 승리를 쟁취할 경우,

그는 거짓 맹세를 한 셈이 됩니다, 당신들이 각자 두 눈으로 또 하나의 새벽을 동쪽에서 보게 된다면.

바로 오늘 밤, 그 검은 오염의 숨결이

벌써 늙고, 연약하고, 낮이 지겨운 태양의

교수용 횃불을 그을리고 있지만,

바로 오늘 이 불길한 밤에 당신들의 숨은 다할 거요,
변절의 벌금을
당신 모두의 목숨이 변절에 의해 끝장나는 것으로 치르는
셈이죠,
만에 하나 루이가 당신들 도움으로 오늘 전투에 승리한다면
말이오.
당신들 왕과 더불어 휴버트라는 사람에게 인사 전해 주시
오,
그에 대한 사랑, 그리고 그 밖에 이 점,
즉, 나의 할머니가 잉글랜드인이었다는 사실이,
내 양심을 일깨워 이 모든 것을 고백케 하였소.
그에 대한 보상으로, 부디 날 데려가 주시오
전장의 소음과 소요로부터 벗어난 곳으로,
그곳에서 나의 나머지 생각을
조용히 생각할 수 있게끔, 그리고 이 몸과 내 영혼을
명상과 경건한 바람으로 분리할 수 있게끔.
솔즈베리 우리는 당신 말을 믿소. 그리고 내 영혼 비참할 것이오
내가 너무나 좋은 이 사태의
표정과 모양을 참으로 반기지 않는다면. 이것을 기회로
우리는 되밟읍시다 저주받은 탈주의 걸음을,
그리고 잦아들며 물러나는 홍수처럼,
우리의 범람과 들쑥날쑥 경로를 버립시다,
우리가 넘쳐흘렀던 그 경계선 안으로 몸을 낮게 굽혀,
조용히 흘러갑시다, 복종하며
바로 우리의 대양, 우리의 위대한 존 왕에게로.

내 팔로 그대를 안아 모시겠소,

단말마의 고통이

바로 당신 눈에 보이니까.—갑시다, 나의 친구들! 새로운
도주로다,

그리고 옛 권리를 복원하려는 행복한 새로움이로다.

　모두 퇴장

5막 5장

장면 계속

후퇴를 알리는 경보. 왕세자 루이, 그리고 그의 수행원들 등장

왕세자 루이 하늘의 태양이, 내 생각에, 지기가 싫은지,

멈춰 서서 서쪽 창공을 붉게 물들였소,

잉글랜드인이 자기들 땅에서 뒷걸음질치며

후퇴할 기미를 보였을 때. 오, 용감하게 우리는 행동했소,

그러다가 우리 편의 불필요한 일제 사격과 함께,

이토록 피비린 투쟁을 마치고, 우리는 잘 자라는 인사를 나누고,

찢어진 깃발을 방해받지 않고 모두 거두어들였소,

전장에 끝까지 남은 쪽이고, 거의 승자였지.

전령 등장

전령 우리 왕세자님 어디 계시오?

왕제자 루이 여기 있다. 무슨 소식이냐?

전령 멜륀 백작이 전사했습니다. 잉글랜드 영주들은

그의 말을 듣고 다시 충성 맹세를 바꾸었습니다.

그리고 마마께서 그토록 오래 고대했던 지원 병력이

굿윈 샌즈에서 난파하여 가라앉았습니다.

왕세자 루이 아, 흉악한 소식이로다! 바로 네 가슴을 저주할진저!
　　오늘 밤 이리 슬프리라고 생각하지 않았는데
　　이 소식이 모두 망쳐 버렸어. 존 왕은 밤이
　　장애물로 놓여 우리의 지친 군대를 둘로 나누기
　　한두 시간 전에 달아났다고 말한 자가 누구냐?

전령 누가 말했던, 그건 사실입니다, 나리.

왕세자 루이 알았다. 경계를 철통같이 펴고 모두 조심하거라, 오늘
　밤.
　　날이 밝는 것과 동시에 나는 일어나,
　　내일의 기회를 잡아 보리라.

　　　모두 퇴장

5막 6장
스와인즈헤드 수도원 근처

등잔을 든 사생아와 피스톨을 든 휴버트 따로따로 등장

휴버트 거기 누구요? 누구냐, 호! 빨리 말해, 아니면 쏠 테다.

사생아 친구다. 넌 누구냐?

휴버트 잉글랜드 편이다.

사생아 어디로 가느냐?

휴버트 그게 너한테 무슨 상관이냐?

　　　　나도 너한테 무슨 일이냐 물어보랴

　　　　네가 나한테 그런 것처럼?

사생아 휴버트로군.

휴버트 정확히 알아맞혔소.

　　　　아무래도 믿어야겠소

　　　　당신이 내 친구라는 것을, 내 목소리를 그리 잘 아는 걸 보
니.

　　　　당신은 누구요?

사생아 네가 원하는 사람이지. 괜찮다면,

　　　　내게 친절을 베풀어 생각해 주시게,

　　　　내 부모 한쪽은 플랜타저넷 가문이시라고.

휴버트 기억력이 이리 불친절할 수가! 나리와 눈 없는 밤이
        제게 창피를 주네요. 용감한 전사시여, 용서하십시오.
        나리 혀가 뱉어 낸 억양은 어떤 것이든
        내 귀가 제대로 알아들었어야 하는 건데.
사생아 자, 자, 겉치레는 생략하고. 바깥소식은?
휴버트 아이고, 나리를 찾느라고 이 깜깜한 밤의 이마 속을
        어찌나 헤매고 다녔는지.
사생아 요점만. 그렇다면, 새로운 소식은?
휴버트 오 상냥하신 나리, 밤에 딱 맞는 소식입니다.
        검고, 두렵고, 맥 빠지고, 공포스러운.
사생아 이 나쁜 소식들의 상처 그 자체를 보여 보아라.
        난 사내거든, 그걸 보고 기절하진 않을 테다.
휴버트 왕께서, 저어컨대, 수도사가 탄 독약에 중독되신 것 같아
        요.
        제가 나올 때는 거의 말을 못하셨구요, 전 서둘러 나왔죠
        나리께 이 불행을 알려 드리고, 그러면 나리께서
        이 긴박한 사태에 더 잘 대처하실 수 있지 않을까 싶어서,
        나중에 알게 되는 것보다는요.
사생아 어떻게 그것을 드셨나? 먼저 시식한 자가 누구야?
휴버트 수도삽니다. 아예 작정을 한 놈이에요.
        그놈은 갑자기 내장이 터졌으니까요. 왕께서는
        아직 말씀을 하시고요, 어쩌면 회복하실 수 있을지도 몰라
        요.
사생아 누구한테 폐하 간병을 맡기고 온겐가?
휴버트 아니, 모르세요? 대신들이 모두 돌아왔어요.

그리고 헨리 왕자님을 함께 데려왔는데,

그분이 왕께 용서해 주십사 청을 드렸고,

그분들이 모두 폐하 곁에 있습니다.

사생아 분노를 참아 주시오, 강력한 하늘이시여,

그리고 우리더러 능력 이상으로 참으라고 권치 마소서.

내 말 잘 듣게, 휴버트, 내 군대의 반은 오늘 밤,

이 개펄을 지나다가, 조류에 휩쓸려 익사했다.

이 링컨 워쉬즈가 그들을 집어삼켰어.

나 자신도, 가까스로 살아남았네.

앞장서게. 날 왕께로 인도하게.

내가 도착하기 전에 돌아가시지 않을까 걱정이군.

모두 퇴장

5막 7장

헨리 왕자, 솔즈베리 백작, 그리고 비갓 경 등장

헨리 왕자 너무 늦었어요. 온갖 피의 생명에
　　　독약이 주입되었고, 그의 명석하던 두뇌는,
　　　혹자는 두뇌를 영혼의 부서지기 쉬운 주거지라고도 하지만,
　　　허튼 소리를 내뱉는 걸로 보아
　　　유한한 목숨의 끝장을 예견케 하는군요.

펨브루크 백작 등장

펨브루크 폐하께서 아직 말씀은 하시고, 생각하시기로는
　　　바깥공기를 좀 쐬면
　　　몸이 타는 듯한 느낌이 좀 덜할 것 같다고,
　　　그 야만적인 독약 기운이 좀 가실 것 같다고 하시네요.
헨리 왕자 여기 과수원으로 폐하를 모셔 오죠.―
　　　〔비갓 경 퇴장〕
　　　여전히 악을 쓰시오?
펨브루크 잘 참고 계십니다
　　　아까 왕자님 보신 것보다는. 방금 전에는, 노래도 부르셨는

걸요.

헨리 왕자 오, 질병의 현혹이라! 아주 극심한 고통도

　　　지속되면 느껴지지 않는 법.

　　　죽음이, 바깥 부분을 해치고는,

　　　그것은 무적 상태로 두고, 이제 공략한다

　　　내면의 그것을. 죽음은 꼬집고 상처 준다

　　　낯선 환상으로 구성된 수많은 군대로,

　　　그리고 그것들은 떼를 지어 마지막 보루를 압박하면서,

　　　스스로를 파괴시키지. 이상하군, 죽음이 노래를 부르다니.

　　　난 새끼 백조, 그는 창백하고 가녀린 어른 백조,

　　　자기 자신의 죽음에 슬픈 찬송가를 부르는,

　　　그리고 연약함의 파이프 오르간으로 노래 부른다,

　　　그의 영혼과 육체가 그들의 영원한 안식에.

솔즈베리 용기를 내십시오, 왕자님. 왕자님이 태어나신 것은

　　　그분이 그토록 볼품없고 형체 없이 남겨 놓은

　　　그 혼돈에 모양을 부여하기 위해서니까요.

　　　　　존 왕이 비갓 경의 시중을 받으며 실려 나온다.

존 왕 아 그래, 이제 내 영혼이 팔꿈치를 자유로이 움직이겠구나,

　　　창으로도 문으로도 나가려 하지 않더니.

　　　내 가슴은 너무도 뜨거운 여름이라

　　　내 모든 내장이 오그라들어 먼지가 된다.

　　　나는 휘갈겨 쓴 형태야, 붓으로

　　　양피지 위에 그려진, 그리고 이 불 때문에

　　　내가 우그러드는 거지.

헨리 왕자 폐하 괜찮으십니까?

존 왕 독에 중독되었다, 괜찮을 리가 있나! 죽었지, 버림받고, 내
　　팽개쳐진 거지.

　　　그리고 너희 중 그 누구도 겨울을 불러

　　　그 얼음 손가락을 내 배 속에 집어넣으라 할 놈이 없으렷다.

　　　내 왕국의 강물이 흐름의 방향을 바꾸어

　　　내 타는 가슴을 관통하게 만들 놈도, 북쪽에 간청하여

　　　그 황량한 바람이 내 말라 터진 입술에 입 맞추고

　　　추위로 날 위로해 주십사 할 놈도 없을 테고. 난 너희한테
　　대단한 걸 요구하는 게 아냐.

　　　내가 애걸하는 건 차가운 위안이야. 그런데 너희는 너무도
　　인색하고

　　　또 너무도 배은망덕하게도 그걸 안 해 주는구나.

헨리 왕자 오, 제가 흘리는 눈물에 모종의 효능이 있어

　　　아버님의 고통을 덜어 드릴 수 있다면!

존 왕 눈물 속 소금도 열이지.

　　　내 안에 지옥이 있어, 그리고 독이란 놈이,

　　　마귀로서, 유폐되어 학정을 펼친다

　　　구제할 수 없을 정도로 저주받은 피에.

　　　　　사생아 등장

사생아 오, 열탕에 댄 것 같아요 어찌나 난폭하게 서두르고

　　　격렬하게 속도를 내며 폐하를 뵈러 달려왔는지!

존 왕 오, 조카, 자네가 내 눈을 감겨 주러 왔구먼.

　　　내 가슴의 항해도구들이 갈라지고, 불타 버렸어,

그리고 내 생명을 향해시킬 온갖 닻줄들이

실 하나로 변했네, 가느다란 머리카락 하나로.

내 가슴을 유지하는 것은 초라한 줄 하나뿐인데,

그것도 자네 소식을 들을 때까지만 버틸 수 있는 거지,

그러고 나면 자네가 보는 이 모든 것은 흙덩어리

그리고 건축 기준 치수에 불과하지, 어쩔 줄 몰라 하는 왕권
의.

사생아 프랑스 왕세자가 이리로 진격 중인데,

어떻게 대응해야 할지는 하나님 그분만 아십니다.

단 하룻밤 새 제가 거느린 군대의 가장 좋은 부분이,

그들을 제가 유리한 쪽으로 이동시키고 있었지만,

워쉬즈에서 모두 경솔하게

불의의 조류에 잡아먹혔으니까요.

　　　　존 왕이 죽는다.

솔즈베리 그대는 이런 치명적인 소식을 그 못지않게 치명적인 귀
에 불어넣는구려.

　　〔존 왕에게〕 폐하, 나의 주군!—방금 전 왕이셨는데, 지금은
이렇도다.

헨리 왕자 바로 그렇게 나도 달려가고, 바로 그렇게 나도 멈추겠
구나.

　　세상의 확실성, 희망, 지속성이 다 무슨 헛소리냐,

　　방금 전 왕이셨던 이분이 지금은 진흙일 뿐인데?

사생아 〔존 왕에게〕 그렇게 가시는 겁니까? 제가 뒤에 남는 것은 오
로지

폐하를 위해 복수하는 의무를 다하려는 것입니다.

그런 다음 내 영혼은 폐하를 따라 하늘로 가리다.

지상에서도 저는 언제나 폐하의 하인이었으니까.

[대신들에게] 자, 자, 이제 여러 별께서 올바른 궤도로 다시

돌아오셨군요.

그대들의 군대는 어디 있소? 이제 그대들의 고쳐진 충성심

을 보이고.

지금 즉시 나와 함께 다시 돌아가,

파탄과 영겁의 치욕을 몰아냅시다

풀죽은 우리 나라의 유약한 문간에서.

즉시 치지 않으면, 즉시 우리가 당할 것이오.

프랑스 왕세자의 분노가 바로 우리 발뒤꿈치에 와 있소.

솔즈베리 그대는 모르고 있구려. 그렇다면, 우리가 아는 만큼은.

팬돌프 추기경께서 안에서 휴식 중이신데,

30분 전에 프랑스 왕세자한테서,

그의 평화 제안을 들고 오셨고,

우리가 명예와 자존을 잃지 않고도 받아들일 만한 내용이

오.

이 전쟁을 즉시 끝내려면.

사생아 그는 우리 자신의 방어 병력이

강하다는 걸 보아야 그렇게 할 텐데요.

솔즈베리 아니오. 어떻게 보면 이미 완료 사항이오.

왜냐면 숱한 운반수단들을 그가 급히 보냈소

해변으로, 그리고 그의 명분과 싸움을

추기경의 처리에 맡겼소.

그러니 추기경과 당신, 나, 그리고 다른 대신들이,

당신만 괜찮다면, 오늘 오후 서둘러

이 일을 행복하게 마무리 지을 것이오.

사생아 그렇게 하시죠.—그리고 마마, 저의 고결한 왕자님께서
는,

가능한 다른 많은 귀족들과 함께,

왕자님 아버님의 장례식에 참석하셔야 합니다.

헨리 왕자 워스터에 유해를 묻어야 합니다.

그리 유언을 하셨어요.

사생아 그렇다면 그리로 해야죠,

그리고 다행히도 상냥하신 마마 자신께서 착용하게 되십니
다

상속받은 왕권과 나라의 영광을,

그리고 그것에 일체 복종하며, 무릎 꿇고,

제가 바치옵니다, 저의 충성과

진정한 신하됨을 영원히.

그가 무릎을 꿇는다.

솔즈베리 그리고 우리의 사랑도 똑같이 바치옵나이다,

영원히 흠결 없이 유지될 사랑을.

솔즈베리, 펨브루크, 그리고 비갓이 무릎을 꿇는다.

헨리 왕자 난 친절한 영혼으로 감사를 드리고 싶소,

그리고 눈물로밖에는 그 방법을 모르오.

그가 운다.

사생아 〔몸을 일으키며〕 오, 우리 오로지 필요한 슬픔만 시간에게
　　지불합시다,
　　　　시간은 이미 사전에 우리의 슬픔과 함께했으니까요,
　　　　우리 잉글랜드는 전에도, 그리고 앞으로도 결코,
　　　　정복자의 오만한 발 아래 짓밟히지 않을 것이오
　　　　잉글랜드가 먼저 자해의 빌미를 갖지 않는 한.
　　　　이제 이 나라 귀족들이 다시 집으로 돌아왔으니,
　　　　세계의 삼면이 무장을 하고 쳐들어와도,
　　　　우리는 그것을 물리칠 것이오. 그 어느 것도 우리를 한탄케
　　못하리라
　　　　잉글랜드가 잉글랜드에게 진실되기만 하다면.

　　　　　화려한 취주. 시신과 함께 모두 퇴장

1. 잉글랜드 민족 사극들 : 가장 아름다운 예술작품으로서의 역사

고대 그리스 에스킬로스, 소포클레스, 에우리피데스 '비극'의 '소재'는, 최소한 당대인들에게는, '신화'라기보다 아주 먼 옛날의, 그러나 엄연한 역사였는지 모른다. 위대한 그리스 고전 비극들은, 고대 그리스인들에게, 우리들 개념의 '사극'에 더 가까웠는지 모른다. 더 과감하게 말하자면, 그리스 고전 비극이 여전히 위대한 것은, 역사를 당대적 시각에서 다룬 결과로 그것이 갖추게 된 보편성 때문인지 모른다.

셰익스피어의 문학적 감수성으로 보아, 그런 사정은 셰익스피어도 마찬가지였을지 모른다. 즉, 잉글랜드 역사를 다룬 그의 소위 '사극들'은 그에게 민족사극일 뿐 아니라 시사극이었을지 모른다. 그의 마지막 사극 《헨리 8세》의 주인공은 바로 엘리자베스 1세 여왕의 생모를 죽인 엘리자베스 1세 여왕의 아버지였다. 그의 생애 첫 창작 작품은 《헨리 6세 2부》.《헨리 8세》가 마지막 작품이니(확신할 수 없으나, 합작설이 나올 정도니 아마 마지막이 맞을 것이다) 그는 평생 동안 '시사=역사'의 틀 자체를 연극-예술화하는 입장이었을지 모르고, 그 입장을 '신세'로 생각했을지 모르고, 그 사극 생애의 '핵심=일상'을 비극의 절정으로 응축하는 동시에 희극의 절정으로 해방시켰던 그의 '정신=예술' 속은 우리 생각보다 훨씬 더 역동적이고 다채로운 것이었을지 모른다.

그러나 역사 현장과 전쟁과 폴스타프가 부딪쳐 작렬하는 《헨리 4

세 1부》와 《헨리 4세 2부》만 보더라도, 그의 사극들 또한 틀 자체
의 연극-예술화 너머 가장 아름다운 예술 작품으로서 역사에 달
하는 과정이었고 갈수록 그 결과였다. 셰익스피어 민족사극들은
전에는 물론 그 후에도 비슷한 사례가 없다. 중세 도덕 막간극이
1547년 무렵 베일의 《존 왕》을 거쳐 생성된 장르가 사극이라고
는 하나, 그 《존 왕》은 주인공 말고 다른 등장인물들이 모두 아예
추상들이고 역사는 교훈을 위한 수단일 뿐이고, 1588년 무렵 《존
의 골칫거리 통치》에서 추상들이 실제 등장인물들한테 자리를
내주지만, 교훈주의는 여전하다.

자신의 자료를 교훈가나 연대기 작성자가 아닌 극작가로서 다루
어 실제 역사를 극화하는 사극 작가는 셰익스피어가 처음이고,
(엘리자베스 1세 여왕) 시대 혹은 당대의 공통된 가치와 이상, 그
리고 역사관과 세계관으로 거대한 총체를 이루는 그의 위대한 사
극 연작에 비견될 만한 것은 다른 어느 나라 문학에도 없다. 그의
사극들이 잉글랜드 역사에 빚진 것이 많은 바로 그만큼, 잉글랜
드 역사는 그의 사극들에 빚을 지게 된다.

셰익스피어가 엘리자베스 1세 여왕 시대에 잉글랜드 역사를 만
난 것이 문학사상 손꼽히는 행운이라면, 잉글랜드 역사가 셰익스
피어를 만난 것은 역사상 손꼽히는 행운이다. 셰익스피어 사극들
로 하여 잉글랜드 역사는 세계 어느 나라 역사보다 더 행복한 예
술에 달한다. 동시에, 셰익스피어 사극들은, 문학이므로, 셰익스
피어 시대를 반영하는 정도를 넘어 셰익스피어 시대의 산물이다.
셰익스피어 사극들 또한, 에스킬로스의 오레스테스 3부작, 소포
클레스의 외디푸스 3부작 못지않게, 가족-혈연사고 복수극이지
만 그들과 셰익스피어 사이 2천 년이 존 왕과 셰익스피어 사이

3~4백 년으로 응집-심화하면서 '역사-사회-정치적'을 당대-예술화하고, 순식간에 순수문학과 참여문학의 구분이 무의미해지고, 갈수록 민족'주의'가 민족'극예술'로 극복되고, 때때로 혹은 수시로, 중세 기괴가 곧장 현대 기괴로 이어지기도 한다.

셰익스피어 사극들에서는 왕권 강화가 근대화의 다른 이름이다. 역시 사극은 사극이고, 지나간 역사는 지나간 역사였을까? 어쨌거나, 셰익스피어 사극들에는 실제 역사적 사실과 다른 부분이 간간히 눈에 띄는데, 우리가 역사를 인식하고 역사의 대강을 파악하는 데 방해가 될 정도는 아니고, '드라마'를 위해 불가피한 변형이며, 그 강력한 드라마로 하여, 우리의 균형 잡힌 역사 인식에 오히려 더 도움이 된다고 할 수도 있겠다. 드라마가 역사와 똑같기를 바라는 것도 일종의 완고일 테니.

《심벌린》은 보통 비극으로 분류되고, 흔히 셰익스피어의 마지막 비극으로 불리지만, 심벌린은 로마제국 시대 브리튼 왕이고, 《심벌린》은 존 왕부터 헨리 8세 시대까지를 끊기지 않고 담아내는 셰익스피어 잉글랜드 사극들보다 한참 더 앞선 시대에 '동떨어져' 있지만 역사는 전설의, 꿈같은 이야기로 시작되고 사극도 그렇게 시작하는 게 순리다. 그렇다면 그보다 더 앞선 전설 시대 이야기인 《리어왕》은? 시대에 관계없이, 사극들의 프롤로그 역을 맡기에는 너무나 강력하고 걸출한 비극이다.

《심벌린》 2막 3장 '아침의 노래'는 슈베르트가 곡을 붙인 명곡이 전해 오고, 4막 2장 '만가'는 버지니아 울프 소설 《댈러웨이 부인》 주인공 의식의 흐름의 기조를 이룬다.

첫 노래는, 노래가 끝나자마자 웬 막돼먹은 소리?《심벨린》은 처음부터, 끝나기 직전까지 불안하고, 불안이 불길하다.

브리튼 왕 심벨린의 딸 이너젠이 남모르게 포스튜머스와 결혼하고, 이너젠을 자신의 아들 클로텐과 결혼시키려는 계모 왕비가 그 사실을 일러바치고, 포스튜머스가 추방되는데, 그가 이탈리아에서 아내의 정절을 두고 쟈코모와 내기를 걸고 이길 것을 호언장담 하지만 브리튼으로 건너온 쟈코모가 술수를 부려 이너젠이 잠든 침실에 잠입, 이런저런 가짜 증거를 훔쳐 오고 침실 및 그녀 몸 특징을 설명하니 그걸 철석같이 믿은 포스튜머스는 이너젠에게 자신을 만나러 밀포드 항구로 오라는 편지를 쓰면서 그의 하인 피사니오에게는 오는 도중 그녀를 죽이라고 명한다. 그러나 피사니오는 그녀더러 남장을 하고, 브리튼을 침략 중인 로마 장군 루치우스한테로 가라고 설득하고, 그녀는 오래전 아버지가 추방했던 대신 벨라리어스, 그리고 쫓겨날 당시 벨라리어스가 훔쳐 와 산 동굴에서 키운 두 형제, 즉 그녀의 두 오빠 귀더리어스와 아비레이거스를 만나고, 겁탈을 해서라도 이너젠을 제 것으로 만들려고 그녀를 추적하던 클로텐은 두 형제에게 죽임을 당한다. 몸이 아파 먹은 약이 이너젠을 죽은 듯한 상태에 빠뜨리고 클로텐 시체 곁에 눕혀졌다 깨어나 머리 없는 클로텐 시체를 복장 때문에 포스튜머스 것으로 착각한 이너젠은 루치우스한테로 가고 이어지는 전투에서는 벨라리어스, 귀더리어스와 아비레이거스, 그리고 이탈리아에서 돌아온 포스튜머스의 활약에 크게 힘입어 브리튼인이 대승을 거둔다. 자초지종이 알려지고 온갖 화해와 용서가 이뤄지고, 심벨린은 브리튼과 로마 사이 평화를 위해 로마

황제 아우구스투스에게 조공을 바치겠다 약속하고 모두를 잔치에 초대한다.

'아침노래'는 그 아름다움에 이어지는 클로텐의 막돼먹은 소리가 딱히 음악가 탓은 아니므로 그렇다 치고, 막돼먹은, 그래서 자기들이 죽인, 모가지가 없는 클로텐 시체 옆에 이너젠을 누이며 부르는 아름다운 '만가'라니. 얼핏 《심벨린》은, 마치 《리어 왕》을 해피엔딩 스토리로 바꾸려 어설프게 뜯어 맞추고 땜질한 듯, 어설프고 황당하다. 이탈리아-프랑스-스페인인 혐오가 너무 노골적이다. 그들 대사는 모두 산문이고 이탈리아인들은 모두 악당들이고, 심지어 포스튜머스의 친구 필라리오조차 방관적이지만 그 전에 포스튜머스 대사도 산문이고, 정말 황당한 내기지만, 내기 성립 직후(1막 4장 마지막) 그가 쟈코모와 함께 퇴장하는 것은, 무슨 라스베이거스도 아니고, 정말 드물게 황당하다. 이너젠은 동음이의어 사용의 뉘앙스가, '은연중 뉘앙스'보다 조금 더 강하게, 사태에 대한 책임이 있고, 그래서 알게 모르게, 그녀가 포스튜머스-클로텐 육체 혹은 시체를 혼동할 때 우리는 '오죽하겠어' 느낌에 아주 약간 가닿게 되고, 포스튜머스가 아직도 이너젠을 못 알아보고 때리는 장면은 그 '황당=오죽'의 극치고, '기계에서 나온 신' 개념은 이 모든 것의 연극(용어)적 측면이고, 그렇다 하더라도 클로텐이, 그리고 계모 왕비가 너무 싱겁게 죽는다. 등장인물 아닌 작가 자신이, 뭔가 지쳤다는 느낌이랄까.

하지만, 《심벨린》에는 《리어 왕》뿐 아니라 《폭풍우》 연관도 있고, 그 둘이 적절하게 부딪치거나 결합, 불행과 시련 속에서도 미리 안심하는, 섭리가 편안한 경지랄까 하는 것을 언뜻 발할 때가 있고, 그때 이너젠을 '최고의 이상적인 여성'으로 보았던, 적지 않은 사람들의 말에 고개가 끄덕여지는 대목이 있다. 하여, 5막 5장 교수형 집행을 앞둔 포스튜머스와 옥리가 펼치는 죽음 대 웃음은 《맥베스》에서보다 덜 비극적이고, 산문적이지만, 그 산문 효과가 '만년작'적이다. 1925년 현대 의상의 《햄릿》이 커다란 영향을 끼치기 2년 전에 같은 방식의 《심벨린》 공연이 있었다는 것은 시사하는 바가 적지 않다 할 것이다.

《심벨린》을 가장, 셰익스피어의 다른 어떤 작품보다 더 가혹하게 평가한 것은 버나드 쇼다. 이미 1896년 이너젠 역을 준비 중이던 엘런 테리에게 《심벨린》이 터무니없는 작품이라고 투덜거리더니 급기야 1937년 그는 이 작품의 마지막 막의 결점들을 겨냥한 희곡 《결말을 바꾼 심벨린》을 발표하기에 이른다. 그리고 다행히, '만가' 첫 두 행은 댈러웨이 부인에게 제1차 세계대전의 악몽을 떠올리는 슬픈 만가이자 위엄을 잃지 않는 심오한 인내의 선언으로 거듭난다. 마지막 두 행은 T. S. 엘리엇 시 《요크셔 테리어에게》에서 거의 차용되고 있다. 스티븐 존다임이 아리스토파네스 《개구리들》을 마구잡이로 차용한 동명 뮤지컬에서는 셰익스피어와 버나드 쇼가 최고의 극작가 타이틀을 거머쥐고 되살아나 세상을 더 낫게 할 것이냐를 놓고 경쟁하는데, 죽음에 대한 자신의 견해를 묻자 셰익스피어는 위 만가를 부르는 걸로 답을 대신한다.

《존 왕》은 크게 ('사자심장왕') 리처드 1세 사후 그 둘째 동생인 존 왕과 그 첫째 동생 아들인 '아서 플랜타저넷' 사이 왕위 계승권(상속)을 둘러싼 합법 및 비합법 투쟁, 거래와 정략이 그 줄거리 골간이다. 《리어 왕》에 비해 문학성은 크게 떨어지면서도, 분명 더 높은 사회구성체가 들어서 있고, 왕권과 귀족 사이 경제적 권력 투쟁에서 귀족이 승리한 결과인 마그나 카르타가, 보이지 않거나 아주 희미하게 언급될 뿐이지만, 엄연히 들어서 있다. (사실, 마그나 카르타가 정치-사회적으로 중요해지는 것은 셰익스피어 사후다.) 입성 문제를 놓고 싸우는 것도, 결국 피비릴 것이지만, 우선은 무슨 거래를 방불케 한다.

조카 아서의 잉글랜드 왕위 계승을 지지하는 프랑스 왕 필립과 오스트리아 공작 연합 세력의 사실상 선전포고를 통보 받은 존 왕은 어머니 일리노어, 그리고 리처드 1세의 사생아 필립과 함께 프랑스를 침공했다가 존의 조카딸 블랑슈와 프랑스 왕세자의 결혼으로 평화가 다시 찾아오지만 교황 사절 팬돌프 추기경이 존 같은 골수 이단자와 평화 협정을 맺으면 파문을 시키겠다고 위협하니 프랑스 왕은 존을 배신하고, 이어진 전투에서 잉글랜드가 승리, 사생아 필립이 오스트리아 공작을 죽이고, 아서는 사로잡혀 잉글랜드로 송환되어 살해당할 위협에 처하고, 아서의 어머니 콘스탄스는 슬픔을 못 이긴 광기에 몸부림치다 죽고, 존 왕의 사주를 받은 수행원 휴버트는 차마 아서의 몸에 손을 대지 못했으나, 아서가 달아나려다 죽음을 맞게 되고, 존 왕이 죽였다고 생각한 솔즈베리 등 많은 귀족들이, 잉글랜드를 침공 중인 프랑스 왕세자 쪽에 합류하고, 존 왕은 현시국 통제권을 사생아 필립에게 넘긴 뒤 수도원으로 물러났다 독살당하고, 프랑스 왕세자의 기만술을 눈치 챈 잉글랜드 귀족들이 속속 다시 충성을 맹세하고, 새로 등극한 존 왕의 아들 헨리 3세를 중심으로 똘똘 뭉친 잉글랜드 앞에 프랑스군이 퇴각하며 막이 내린다.

'사생아' 필립 팰컨브리지는 실제 역사에서 아주 희미하게 언급될 뿐이지만, 셰익스피어는 《존 왕》에서 그를 주저 없이 플랜타저넷가 정통이자 제2의 비조로 세워 자신의 사극들을 사실상 '출발'시키며, 이것은 문학적으로 매우 적절한 출발이고, 이것 말고도 《존 왕》은 실제 역사, 혹은 역사서와 어긋나는 내용들이 꽤 있지만 대부분 그 적절함이 야기시켰거나 적절함 속으로 흡수되는 것들이다.

화려장관 볼거리를 관객들이 좋아했던 빅토리아 여왕 시대에는 가장 자주 공연되는 셰익스피어 작품 중 하나였으나 20세기 들면 《존 왕》은 1915년 이후 브로드웨이 공연이 단 한 번도 없고, 1953~2010년 스트렛포드 셰익스피어 축제 공연이 단 4회에 불과한 신세로 전락하지만, 1945년 피터 브룩이 연출한 공연은 그 의미가 적지 않다.

《리처드 2세》를 온통 수놓는 시는 봉건성을 벗는 부르조아적 아름다움의 탄생 과정이라 해도 과언이 아니고, 특히 5막 5장(폼프릿 성 감옥) 전반부 리처드의, 연주되다 그치는 음악과 어우러진, 자신의 소란스런 죽음 직전 독백은 셰익스피어 전 작품을 통틀어 몇 안 되는 압권 중 하나다.

헨리 3세의 세 아들 모두 왕에 오르니, 에드워드 1세(치세 1272~1307), 에드워드 2세(치세 1307~27), 에드워드 3세(치세 13

27~77)가 그들이고 에드워드 3세는 아들 일곱을 두게 되는데, 첫아들 웨일즈 공 에드워드(1330~1376)가 죽자 그의 아들, 즉 에드워드 3세의 장손이 리처드 2세에 오르고 《리처드 2세》줄거리는 학정으로 치닫던 그가 에드워드 3세의 넷째 아들인 랭커스터 공작 아들, 즉 사촌 헨리 볼링브루크, 훗날의 헨리 4세에게 밀려나는 잉글랜드 역사의 한 대목이며, 그렇기 때문에 《리처드 2세》, 《헨리 4세 1부》, 《헨리 4세 2부》, 그리고 《헨리 5세》를 4부작으로 보아, '헨리 이야기'라는 뜻의 '헨리아드'라 부르기도 한다.

볼링브루크가 리처드의 삼촌 글로스터 공작 암살 죄로 노포크 공작 토머스 모브레이를 고발하자 모브레이가 볼링브루크를 '가장 위험한 반역자'로 맞고소, 리처드는 두 사람의 결투로 자신의 결백을 입증하라 했다가 마지막 순간 모브레이를 영구히, 그리고 볼링브루크를 10년 동안 잉글랜드에서 추방하라 명하고, 아일랜드 원정 경비를 감당해야 했던 그가 사망한 고온트의 재산, 의당 볼링브루크에게 상속되어야 할 그것을 자신의 삼촌 요크 공작, 그리고 노섬벌랜드 백작의 격렬한 반대에도 불구하고 몰수하니, 후자는 자신의 재산을 되찾겠다는 명분으로 권토중래를 도모하는 볼링브루크 쪽에 합류하고, 리처드는 아일랜드 원정을 떠나고 볼링브루크는 요크셔에 상륙, 노섬벌랜드와 함께 버클리 성으로 진격하고 거기에 리처드의 섭정으로 남겨졌던 요크 공작도 어쩔 수 없이 그들을 받아들이고, 웨일즈에 상륙했으나 기대했던 웨일즈 병력이 뿔뿔이 흩어졌거나 자신의 추종자 그린과 부시를 처형하고 높은 인기를 누리는 볼링브루크 쪽에 가담했다는 것을 알게 된 리처드는 요크 공작 아들 오멀을 데리고 플린트 성으로 피

신했다가 거기서 볼링브루크에게 사로잡히고, 볼링브루크는 오로지 자기 재산을 찾으려는 것뿐이라고 강변하지만 볼링브루크 앞에 불려 나온 리처드의 남은 추종자 베이갓이 오멀을 글로스터 공작 살해범으로 지목하고, 볼링브루크가 모브레이 사면령을 내려 오멀과 대질시키려 하지만 모브레이는 베니스에서 이미 죽은 터였고, 불려 나온 리처드가 볼링브루크에게 왕위를 양도하고, 칼라일 주교가 불가함을 주장하다가 노섬벌랜드에게 체포되고, 리처드가 런던탑으로 호송되고, 칼라일 주교와 오멀은 볼링브루크 제거를 도모하고, 리처드는 런던탑 아닌 폼프릿 성으로 가던 도중 왕비와 작별하고, 왕비는 프랑스로 떠나고, 오멀의 음모를 발견한 요크가 서둘러 그것을 알리러 볼링브루크에게 가지만, 그 전에 오멀이 먼저 도착하여 이실직고하며 용서를 구하고, 요크 부인의 간청에 따라 볼링브루크, 헨리 4세가 용서를 하고, 볼링브루크의 명에 따라 리처드는 엑스턴의 피어스 경에게 살해된다.

3막 4장 왕비와 정원사가 나누는 대화는 뛰어난 서정성과 식물의 비유로 리처드 폐위를 예견시키는, 걸작 막간극이다. 마지막 폐위 장면은 엘리자베스 시대에 워낙 민감한 대목이라 검열에 걸렸고, 제임스 1세 왕의 왕권이 안정되고 나서야 비로소 연기 및 인쇄가 가능했고, 에섹스 지지자들의 요청으로 그의 모반 하루 전인 1601년 2월 7일 무대에 올려진, 폐위 장면이 포함된 공연은 말 그대로 역사적인 공연이 되었다.

《헨리 4세》는 '어제의 동지, 오늘의 적'과 치르는 전쟁을 다루는 잉글랜드 사극임이 분명하지만, 동시에, 《1부》는 폴스타프라는 인물을 탄생시키는, 전쟁, 더군다나 내전을 배경으로 더욱 혹심한 희극 걸작이기도 하다. 주인공은 헨리 4세가 아니라 그의 왕세자 해리와 폴스타프 및 그 패거리들이며, 전쟁, 더군다나 내전을 배경으로 더욱, 산문과 운문의, 그리고 산문끼리 쟁패가 파란만장하다. 해리 왕세자는 폴스타프를 날카롭고 효과 있게 공략하지만, 그리고 내용에서 압도적 우위에 있지만 폴스타프는 논리를 넘어서는 희극성의 존재 그 자체고, 5막 3장 해리와, 즉 전쟁 소문이 아닌 전쟁 현실과 직접 마주치는 대목에서 폴스타프의 '코믹'은 일순 나약하여 해리한테 무참하게 '깨'지지만, 그 나약함이 이런 질문을 열기도 한다. 그럴까, 그런가? 그러나 전쟁에서, 죽음 앞에서 용기를 발하는 것이 정말 용기일까, 그건 무지 아닐까? 그거야말로 위선 혹은 비겁 아닐까? 무엇보다, 평화는, 그리고 희극은 유지되어야 하는 것 아닐까?

《2부》는 그에 비해 산문이 무척 지루하고 폴스타프가 잉여 출연인 느낌이 갈수록 강하며, 에필로그 직전 (헨리 5세에 오른) 해리 왕세자가 폴스타프에게 전하는 이별 통고는 그 자체로 적절하지만, 극 전체로 볼 때 너무 늦었고, 너무 늦었으므로 폴스타프의 대응은 희극적이기는 커녕 그냥 비루할 뿐이다. 그리고, 곧 이어지는 에필로그가 다음 작품에서도 그가 등장한다고 예고하지만 《헨리 5세》에는 폴스타프가 나오지 않고, 그의 죽음이 잠깐 언급될 뿐이다. 1부의 퀴클리('재빨리'), 개즈힐('쏘다니는 언덕')에 덧붙여 돌 티어시트('인형 뜯어내고 괜찮은 쪽'), 스네어('올가미'), 팽('독이빨'), 모울디('곰팡이 낀'), 워트('사마귀'), 휘블('연약한'), 불카프('수송아지') 등 우수마발 백성들의 뜻이름들이 많이 나오는 것은, 이름이 굳어지고 족보가 생겨가는 근대, 더군다나 참혹한 전쟁과 혹심한 희극 사이 절묘한 그것이라고나 할까.

《1부》 1402년 6월~1403년 7월 핫스퍼, 그의 아버지 노섬벌랜드, 그리고 그의 삼촌 우스터 백작이 핫스퍼 아내인 퍼시 부인의 오빠 모티머 영주, 모티머 부인의 아버지인 오웬 글렌다워, 그리고 더글라스 백작과 합세, 반란을 일으키지만 약속 장소인 슈루즈버리에서 핫스퍼와 실제로 합류한 것은 우스터와 더글라스 뿐, 핫스퍼는 왕세자(웨일즈 공) 해리와의 결투에서 패하여 죽고 우스터는 처형되고 더글라스는 풀려나는데, 왕세자 해리는 평소 폴스타프 패거리들과 어울려 물주 노릇을 해 주고 함께 도둑질도 하고 '멧돼지 머리 여인숙'에서 부왕과의 가상 만남을 꾸며 우스갯거리로 만드는 등 방탕 및 패륜 행각을 부러 벌이다가 3막 2장 부왕과 실제로 만난 자리에서 본심을 드러내며 참회의 눈물을 흘리고, 부자 화해가 이뤄지고, 왕세자의 위용을 갖춰 전장에 나온 터였고, 폴스타프도 슈루즈버리에 있었다.

《2부》 1403~13년 스크루우프 대주교, 헤이스팅스 경, 그리고 문장원 총재 토머스 모브레이가 반란을 일으켰다가 술수에 넘어가 스스로 군대를 해산하고 처형당하는데, 운문을 희화화하는 피스톨이 처음 등장하고 폴스타프는 여인숙 여주인 미세스 퀴클리, 창녀 돌 티어시트와 오래 놀아나더니 징병을 한답시고 간 곳에서 만난 시골재판관 로버트 섈로우를 꼬드겨, 왕세자가 자신의 막역 친구인데 곧 왕에 오를 것이고 그러면 좋은 일이 있게 해 주겠다며 천 파운드를 빌리지만, 런던에서 만난 그 왕세자, 헨리 4세가 죽어 헨리 5세에 오른 그의 친구는 면박을 주며 자기 눈앞에서 꺼지라고 말한다.

극중 모티머는 오웬 글렌다워의 딸과 결혼한 에드먼드 모티머 (1409년 사망)와, 리처드 2세가 후계자로 인정했던 조카 에드먼드 모티머(1424년 사망)를 합쳐 만든 등장인물. 이 등장인물로 인해 요크 가문 전체가 에드워드 3세의 아들들과 실제 역사보다 한발 더 가깝게 된다.

《헨리 5세》의 압권은 단연, 위 대사의 힘을 받아, 전투를 앞두고 수적으로 완전 열세인 병사의 사기를 정말 극적으로 북돋우는 헨리 5세의 연설(4막 3장). 방백에서 절묘하게 이어져 공연 효과는 더 크다. 젊은 왕이 밤에 변장을 하고 막사를 돌아다니며 불안에 떠는 병사들을 달래고 그들이 자신을 정말 어떻게 생각하는지 살피고, 자신도 그냥 사람일 뿐인데 왕으로서 져야 하는 도덕적 책임에 대해 고뇌한 뒤의 연설인 것을 감안하면 감동은 배가된다. 이것을 따로 '크리스피누스 축일 연설'이라고 부른다.

캔터베리 대주교의 말에 고무되어 프랑스 왕관을 거머쥐기 위해 프랑스 원정을 떠나기 전 헨리 5세는 사우샘튼에서 자신을 암살하려는 케임브리지 백작, 스크로우프 경, 그리고 토머스 그레이 경의 음모를 발견, 이들을 처단하고 아르플레르를 점령, 칼레를 향하다가 아쟁쿠르에서 프랑스 대군을 만나지만 크게 승리하며 트르와 조약으로 프랑스 왕의 딸 카트린느와 결혼하는데, 극 초

반, 피스톨과 결혼한 옛 퀴클리가 폴스타프의 죽음을 알리고 피스톨, 바돌프, 그리고 님이 원정대에 참가하지만 바돌프와 님은 약탈죄로 교수형 당하고, 피스톨은 웨일즈인 지휘관 플루얼런을 모욕했다가 그에게 흠씬 얻어맞고 부추 모양 채소 리크를 강제로 먹게 되며, 해리 왕은 플루얼런을 잉글랜드 병사 마이클 윌리엄즈와도 싸우게 만든다.

윌슨(Wilson, John Dover, 1881~1969)은 폴스타프가 《헨리 5세》에 원래 등장할 예정이었으나 켐페가 떠나 마땅한 배우가 없자 폴스타프 대사를 빼고 새로운 에피소드를 집어넣거나 피스톨이 폴스타프 대신 리크를 먹게 한 것이라고 주장한 바 있지만, 어쨌거나, 피스톨의 운문 회화화는 《헨리 5세》에서 아예 거덜 난 운문 차원에 달하고, 님, 바돌프, 피스톨의 코미디는 죽어서도 희극적인 폴스타프 죽음에 무척 심오한 페이소스를 부여한다. 바돌프의 외모는 전쟁-일상의 참상을 희극-역설적으로 강조하고, 아일랜드 방언, 웨일즈 방언, 스코틀랜드 방언의 군인-지휘관들 또한 못지않게 멍청하고, 희극적이다. 해리는 전 작품에서와 마찬가지로 산문과 운문을 모두 구사하지만, 이번에는 서민과 귀족-왕족 모두를 대변하기 위해서며, 헨리 5세의 카트린느 구애는 전부 산문이지만 폴스타프풍 산문은 아니고, 불어 동음이의의 과감한 구사는 귀족 사회 너머 국제(화) 사회를 반영한다. 소년의 죽음은, 미래-비극적이다.

《헨리 6세 1, 2, 3부》의 주인공 헨리 6세(1421~71)는 헨리 5세와 카트린느 사이에 난 유일한 아들로 돌을 맞기 전 1422년 잉글랜드 왕위에 올랐고, 1426년 웨스트민스터에서, 그리고 1431년 파리에서 대관식을 치렀고 1440~41년 이튼 칼리지, 킹스 칼리지, 케임브리지 대학을 잇달아 세웠으며 1445년 앙주의 마가릿과 결혼했는데, 온화하고 참을성 있는 성품이었으나 아버지가 남겨 준 프랑스 유산을 지켜 내거나 잉글랜드 내 랭커스터 가와 요크 가 사이 장미전쟁을 막을 만큼 강하지는 못하더니, 1471년 튜크스베리 전투 이후 피살된다.

《1부》 헨리 5세가 죽고 6세가 즉위한다. 잉글랜드인은 프랑스 내 영지를 지키려 하지만 성처녀 잔('창녀이자 마녀')의 활약에 자꾸 밀리고 잉글랜드 군을 이끌며 용감하게 싸워 수차례 승리를 거둔 탈봇도 결국 죽고 잉글랜드 내부에서 호국경 글로스터 공작과 윈체스터 주교 헨리 보포트(훗날 추기경) 사이 알력이 심해지며 템플 정원에서 양쪽이 각각 붉은 장미와 백장미를 뽑아 랭커스터 가와 요크 가 사이 본격적인 장미전쟁의 시작을 알리고, 헨리 6세는 나폴리 왕이자 앙주 공작인 르네의 딸 마가릿과 결혼한다.

《2부》 왕이 마가릿과의 결혼 선물로 앙주와 마인을 장인에게 양도한 것에 격렬한 이의를 제기하는 호국경 글로스터에게 마가릿 왕비, 추기경 보포트, 왕비의 연인 서포크, 그리고 요크가 앙심을 품고, 왕을 해코지하는 마법을 썼다는 누명을 씌워 글로스터 공작부인을 추방하더니, 글로스터마저 체포한다. 살인 혐의로 추방된 서포크가 해적들한테 다시 피살되고, 4막 대부분은 잭 케이드의 반란과 죽음의 장. 5막에서 장미전쟁이 시작되어 헨리 왕, 마가릿 왕비, 서머싯 공작과 늙은 클리포드 영주가 랭커스터 편에 서고 워릭 백작과 그 아들 솔즈베리 백작이 요크와 그 아들들을 지지한다. 1455년 세인트 앨번즈 전투가 벌어지고 서머싯 공작과 클리포드 영주가 전사한다.

《3부》 세인트 앨번즈 전투가 끝나고 헨리 6세가 요크를 자신의 왕위 계승자로 하지만 마가릿 왕비는, 아들 클리포드의 후원을 업고 자신의 적통 왕세자 에드워드를 위해 싸움을 계속. 웨이크필드에서 클리포드가 요크의 어린 막내아들 러틀랜드를 죽이고 요크도 사로잡혀 클리포드와 마가릿에게 모멸당한 후 칼에 찔려 죽는다. 하지만 요크의 두 아들, 훗날 에드워드 4세(치세 1461~83)와 리처드, 훗날 리처드 3세(치세 1483~85)가 1461년 타우튼 전투에서 랭커스터 가문을 물리치고. 여기서 클리포드가 살해당하고 헨리 6세가 체포당하고 왕에 오른 에드워드가 엘리자베스 우드빌과 결혼하자 워릭이 마가릿 편에 합류, 헨리를 풀어주고 에드워드를 사로잡지만 에드워드는 달아났다가 헨리를 다시 사로잡고, 1471년 바넷 전투에서 워릭군을 물리치고 워릭을 죽인다. 1471년 튜크스베리 전투에서 랭커스터 가문이 최종적으로 패퇴하고 헨리 6세의 맞아들 에드워드를 칼로 찔러 죽이며, 리처드는 런던탑으로 달려가 헨리 6세를 죽인다.

장미전쟁을 다루면서 특히, 법률용어가 난립한다. 초기작이지만 탈봇의 절규는 리어 왕을 연상시키기에 족하고, 서포크가 마가릿을 '꼬시'는 이야기는, 그에 비하면 더욱, 지루하고 지리멸렬한 코미디지만, 잠깐 동안의 평화 속이라는 것을 감안하면 그럴 법

하기도 하다. 평화란 그런 것이고, 그래서 좋은 거니까. 폴스타프를 뒤집었달까. 그것을 다시 뒤집어 잭 케이드를 그리 심하게 희화화했을까? 서머싯 공작은 헨리 보포트와, 그의 공작 작위를 물려받은 동생 에드먼드를 합친 인물이다.

《리처드 3세》는 기형의 왕이 벌이는, 소름끼칠 정도로 기괴하고 끔찍한 정치의 장이다.

에드워드 4세(1442~1483)는 잉글랜드 최초의 요크 가문 출신 왕으로 1461. 3. 4.~1470. 10. 3 통치 때는 폭력으로 얼룩졌고 잠시 랭커스터 가문에게 밀렸으나 튜크스베리 전투 때 랭커스터 가문을 완전 제압하고 다시 왕위에 오른 뒤 나라를 평화롭게 다스리다가 갑작스레 죽음을 맞은 인물이다. 꼽추 리처드, 훗날 리처드 3세의 맨 처음 독백을 우리는 이 책 맨 앞에서 이미 읽었고 그의 치세는 2년에 불과하다.

에드워드 4세의 임종이 시시각각 다가오고 그의 둘째 동생인 리처드가 왕위를 차지하려면 그와 왕좌 사이 여섯 사람, 에드워드의 두 아들, 즉 왕세자 에드워드와 요크 공작, 그리고 에드워드의 딸 엘리자베스, 리처드의 형인 클래런스, 클래런스의 어린 아들과 어린 딸을 처리해야 한다. 1막에서 리처드는 형 클래런스를 런던탑에 갇히게 만든 다음 다시 손을 써서 죽이는 데 성공하고, 튜크스베리에서 자신의 손으로 직접 죽인 헨리 6세 왕세자 아들 에드워드의 미망인 앤 부인한테 뻔뻔스럽게 구애, 훗날, 놀랍게도, 결혼하는 데 성공한다. 헨리 6세의 미망인 마가렛은 코러스처럼 출몰하며 철천지원수들인 요크 가문 사람들을 저주하는 한편 리처드를 조심하라 경고하고, 에드워드 4세가 죽자 리처드는, 버킹검 공작의 후원을 받으며 왕비파를 공격, 그녀 동생 리버즈 백작과, 그녀가 전 남편 사이에 낳은 아들 그레이 경, 그리고 에드워드의 고명대신 격인 궁내장관 헤이스팅스 경을 죽이고, 에드워드의, 에드워드 5세로 등극이 예정된 왕세자와 왕자 요크 공작을 런던탑에 가두고, 버킹검 공작이 런던 시민을 설득하여 리처드를 왕으로 선포케 하고, 왕에 오른 리처드가 런던탑의 왕세자와 왕자를 암살케 하고, 에드워드의 딸 엘리자베스와는, 자책과 병으로 죽어 가는 아내 앤을 더 빨리 죽게 조치한 후, 결혼하려 계획한다. 클래런스의 딸은 신분이 미비한 신사와 결혼할 것이고, 그의 아들들은 멍청하니 그만하면 되었다. 그런데 왕세자를 죽인 것에 대해 버킹검 공작 마음이 갈팡질팡하고, 리처드가 내치니 버킹검은 헤이스팅스의 친구 스탠리 경의 사위인, 랭커스터 가문의 리치먼드 백작 헨리 튜더, 훗날의 헨리 7세와 합류하려다 사로잡혀 처형되고, 상륙한 헨리 튜더의 군대가 보스위스에서 리처드 군대와 마주친다. 전투 전날 밤 리처드가 죽인 사람들의 유령이 차례차례 나타나 그를 저주하고 그의 패배를 예언하고, 그 예언대로 되고 헨리 튜더가 헨리 7세로 추대된다.

리처드 3세의 찬탈 과정은 속이 빠르고, 헨리 7세 등장 이전까지는 명분도 아름다움도 의리도 비극성도 동반 퇴색하지만, 리처드 3세가 리처드 3세를 기괴하게 여기는 극에 달할 때까지 축적되는 기괴의 과정, 그 기괴의 미학, 즉 기괴의 이미저리와 그럴듯함은, 사례를 찾기 힘들다. 실제 역사에서 마가릿은 장미전쟁 패배 후 그녀 아버지가 몸값을 지불하고 데려갔고 그 뒤 잉글랜드로 돌아오지 않았다.

1955년 올리비에는 자신이 감독 출연한 영화 한 편으로 가장 유명한, 그리고 가장 자주 패러디되는 리처드 3세 배우가 된다. 세익스피어《헨리 6세 3부》의 몇몇 장면 및 연설을 시버가 다시 쓴 희곡 '리처드 3세'와 합친 그 영화 대본에는 마가릿 왕비와 요크 공작부인이 아예 없고, 위 리처드의, 유령들의 저주 그 후 독백이 없다. 코미디언 피터 셀러즈는 1965년 비틀즈 음악 특집 TV 방송에서 비틀즈 노래 '고된 하루의 밤'을 올리비에의 리처드 3세 풍으로 읊었고, BBC TV 시튜에이션 코미디《블랙 애더》시리즈 첫 에피소드 또한 올리비에 영화를 일부 패러디, '자애로운' 리처드가, 세익스피어 원작 대사를 망가뜨린다. 이제 우리 달콤한 만족의 여름은 구름 뒤덮인 겨울이 되었다 이 튜더의 구름들이 해냈어……. 2002년 영화《거리의 왕》은 리처드 3세 이야기를 갱단 풍속도로 녹여 내고, 2011년 영화《왕의 연설》에는 '이제 우리 불만의 겨울은/ 영광의 여름 되었다 이 요크 가문 태양 아들이 해냈어' 대사를 읊는 리처드 3세 배역 오디션이 나온다.

튜더 가문의 첫 왕 헨리 7세(치세 1485~1509)는 1483년 자신의 맹세를 지켜 1486년 요크의 엘리자베스와 결혼, 요크 가와 랭커스터 가를 통합하는 식으로 튜더 왕가 왕권 기반을 탄탄히 다졌고 그의 사망 후 헨리 8세가 순조롭게 왕위를 이어 받았다.

《헨리 8세》는 지문이 셰익스피어 작품 가운데 가장 정교하며, 도버 윌슨 및 소수를 제외한 셰익스피어 학자들이 존 플레처와 합작인 것으로 여기며, 아마도 셰익스피어가 1막 1장과 2장과 4장, 3막 2장 1~203행(왕의 퇴장까지), 5막 1장을, 플레처가 프롤로그 및 에필로그를 포함한 나머지를 썼을 것이고, 드라마라기보다는 일련의, 각 개인들이 겪는 재앙이나 사건들의 나열이다. 울시 추기경과의 권력투쟁에서 밀려 대역죄로 고발당하고 재판받고 처형당하는 버킹검 공작, 강제 이혼당하고 끝내 죽음을 맞는 캐서린 왕비, 왕과 결혼하는 앤 불린, 그것을 막으려던 음모가 들통 나 실각하고 역시 죽음을 맞는 울시, 캔터베리 대주교에 임명되었다가 윈체스터 주교 가디너의 탄핵을 받지만 왕이 나서서 위기를 모면시켜 주는 크랜머…… 그리고 마지막은 앤 불린과 헨리 8세 사이 태어난 국왕 장녀 엘리자베스, 훗날 엘리자베스 1세의 세례식을 축하하는 일대 소란이고 장관이다.

2. 셰익스피어 '연극＝생애' 안팎

튜더 왕조 시대부터 지금에 이르기까지 잉글랜드(영국) 왕실은 일을 크게 세 가지로 나누어 고관에게 각각의 책임을 맡기는바, 왕실 제3위 고관인 사마관(司馬官, the Master of the Horse)이 주로 바깥일을, 제2위 고관인 가령(家令, the Lord Steward)이 음식과 음료, 조명 및 난방 따위 지하 일을, 그리고 제1위 고관 궁내장관(the Lord Chamberlian of the Household)은 지상의 모든 일을 담당한다. 군주의 거처, 의상, 여행, 손님 접대,

여흥 등등. '궁내'는 다시 둘로 나뉘는데, 1) 궁내 사실(私室)은 엘리자베스 1세 여왕 시대의 경우 궁내장관, 부장관, 기사 4명, 기사장(Knight-Marshall), 신사 18명, 궁내관(Gentleman-Usher) 4명, 말구종장(Groom-Porter), 말구종 14명, 고기 써는 사람 넷, 술잔 따라 올리는 사람 셋, 재봉사 넷, 수행 기사 종자(Squire to the body) 넷, 2등 궁내관(Yeoman-Usher) 넷, 시동 넷, 전령 넷, 여왕 전속 목사(Clerk of the Closet) 둘, 그리고 많은 귀족 신분 시녀 및 하녀들이, 2) 알현실은 수행 시하인(Esquire of the Body)들과 더 많은 궁내관 및 말구종들이 관리했다.

셰익스피어는, 모든 배우-공동소유주들이 그렇듯, 궁내장관 직속의 말구종 신분이지만, 월급을 받은 것은 아니다. 잔치 및 공연 따위를 담당하는 일이 헨리 7세 때 상설 부서로 격상되고 책임자가 임명되었는데, 직제상 궁내장관 직속이지만 점차 극장 전반에 폭넓고 독립적인 권력을 행사하게 된다. 공공극장에서는 오후 두 시경 공연이 시작되어 두 시간 혹은 두 시간 반 동안 이어졌고, 개인 극장에서는 어차피 인조 조명이 필요했으므로 더 늦게 시작할 수도 있었다. 포스터 따위로 공연 작품을 홍보했고, 트럼펫을 세 번 불어 공연 시작을, 깃발을 달아 공연 중임을 알렸다. 비극일 경우 천정에 검은 커튼을 매달았다. 극장 입구에서 입장료를 거뒀고, 최상층 관람석 입구에서 추가 요금을 받았다. 세 번째 트럼펫 소리가 울리면 프롤로그가 전통적인 검은 복장으로 등장하고 연극이 공연되는데, 공공극장에서는 아마도 중간 휴식이 없었지만, 개인 극장에서는 음악을 위한 중간 휴식이 있었고, 이 전통을 17세기 초 극장들이 변형된 형태로 채택하게 되었을 것이다. 공연이 끝나면 에필로그가 나와 관객에게 박수갈채를 부탁하고, 지그 춤곡이 이어졌다. 관객들이 빠져나가면 배우-극장주들이 거둔 돈을 계산, 최상층 추가 요금의 반을 임대료로 극장주(아마도 자기 자신들)에게 지불하고 고용 배우들에게 급료를 주고 나머지를 자기들이 챙겼다. 역병과 청교도들이 배우들의 최대 적이었다. 런던은 상인과 장인들, 그들의 도제들과 여행자들의 도시였고 도시를 다스리는 것은 런던 시장, 그리고 12개 복장 조합이 선출한 대표들로 구성된 시 자치체였는데, 역병이 돌면 추밀원이 시 자치체 성화에 못 이겨 극장 폐쇄를 명할 밖에 없었고 그러면 런던 배우들은 지방을 순회하며 지역 터줏대감 극단들과 힘겨운 경쟁을 벌여야 했다. 1584년 배우들은 역병으로 인한 사망자가 주 50명을 넘지 않는 한 공연을 허락하는 게 이치에 맞다고 주장했고 시 자치회는 온갖 원인으로 인한 사망자 수가 3주 연속 50을 넘지 않아야 한다고 답했는데, 1607년에는 역병 희생자 수가 30을 넘을 경우, 그 후에는 40을 넘을 경우 자동적으로 극장 문을 닫았을 것이다.

셰익스피어 사극들을 따라 우리는 곧장 셰익스피어 탄생 직전까지 왔다. 피터 홀의 '완전히 다른 사람이 되는 능력'과 '그 능력을 다룰 수 있는 또 다른 능력'은 물론 역사상 가장 민활한 시적 상상력과 연극 기획력, 그리고 극장 운영 수완을 갖춘 예술가 가운데 하나였던 그를 통해 잉글랜드 역사가 응집, 현재화할 뿐 아니라, 예술-미래화한다. 그리고, 첫 작품《헨리 6세 2부》를 쓰기 시작한 1590년부터 마지막 작품《헨리 8세》를 마친 1613년까지 이어지는 그의 '연극=생애'는 잉글랜드 역사 이전 그리스 신화(《한여름 밤의 꿈》), BC. 1천2백 년 무렵 미케네 문명 그리스인

들이 10년 동안 벌인 트로이 전쟁(《트로일루스와 크레시다》), 소
포클레스(497~406 BC.) 당대인 BC. 491년 무렵 볼스키 족을
이끌고 로마를 공격했으나 아내와 어머니의 간청에 로마를 봐주
고, 오히려 볼스키 족한테 죽임을 당하던 초기 로마 공화국 귀족
(《코리올라누스》), 에우리피데스(469~399 BC.)와 소크라테스
(450~404 BC.) 당대 그리스(《아테네의 타이먼》), 헬레니즘 시
대(《페리클레스》), 로마공화국이 제정으로 넘어가던 시절(《줄
리어스 시저》, 《안토니와 클레오파트라》), 그리고 플루타르크
(46~110) 당대 (《티투스 안드로니쿠스》) 역사까지 응집, 현재
화하고, 예술-미래화한다. 그리고 걸작들은 그 응집, 현재화, 예
술-미래화를 끊임없이, 갈수록 질 높게 추동하는 동시에 끊임없
이 그 추동의 결과물이다.

김정환

1954년 서울 출생. 서울대 영문과를 졸업했다.
1980년 《창작과 비평》에 시 '마포, 강변동네에서' 외 5편을 발표하면서 작품 활동을 시작했다.
시집 《지울 수 없는 노래》《하나의 이인무와 세 개의 일인무》《황색예수전》《회복기》
《좋은 꽃》《해방 서시》《우리 노동자》《기차에 대하여》《사랑, 피티》《희망의 나이》
《노래는 푸른 나무 붉은 잎》《텅 빈 극장》《순금의 기억》《김정환 시집 1980-1999》
《해가 뜨다》《하노이 서울 시편》《레닌의 노래》《드러남과 드러냄》 등 20여 권의 시집과,
소설 《파경과 광경》《세상 속으로》《그 후》《사랑의 생애》,
산문집 《발언집》《고유명사들의 공동체》《김정환의 할 말 안 할 말》,
평론집 《삶의 시, 해방의 문학》, 음악 교양서 《클래식은 내 친구》《내 영혼의 음악》,
문학 창작 방법론 《작가 지망생을 위한 창작 강의 일곱 장》,
역사 교양서 《상상하는 한국사》《20세기를 만든 사람들》《한국사 오디세이》 등이 있으며,
《더블린 사람들》《세익스피어 평전》 등을 번역했다.
2007년 제9회 백석 문학상을 수상했다.

존 왕

Copyright ⓒ 김정환, 2012

첫판 1쇄 펴낸날│2012년 10월 20일
지은이│셰익스피어
옮긴이│김정환
펴낸이│박성규
펴낸곳│도서출판 아침이슬
등록│1999년 1월 9일(제10-1699호)
주소│서울시 은평구 신사동 25-6(122-882)
전화│(02)332-6106
팩스│(02)322-1740
이메일│21cmdew@hanmail.net
ISBN 978-89-6429-122-1 04840
ISBN 978-89-6429-132-0 (세트)
책값은 뒤표지에 있습니다.